Manuela Oetinger

Die Aura – Das Tor zur Seele

Manuela Oetinger

DIE AURA

Das Tor zur Seele

Energiefelder erkennen und bewusst transformieren – für ein klares Bewusstsein im Alter und Fortschritt auf dem geistigen Weg

Aquamarin Verlag

3. Auflage 2005

Voglherd 1 • D-85567 Grafing

Umschlaggestaltung: Annette Wagner

ISBN 3-89427-229-5
Druck: Ebner & Spiegel, Ulm

INHALT

EINLEITUNG

Eine der schönsten Veränderungen dieser Zeitepoche ist die immer stärker wachsende Suche nach den geistigen Wahrheiten hinter den materiellen Erscheinungen. Ein tiefes Wissen reift im Menschen heran, dass hinter allen Gegebenheiten ein geistiger Plan waltet und nichts willkürlich geschieht, sondern stets ein verborgener Sinn vorhanden ist. Teilweise wird diese Suche durch das Gefühl intensiviert, als stände der Planet vor einer großen Veränderung und es würde höchste Zeit, dass die Menschen erwachten, um diesen Sinn zu erkennen. Im selben Maße verstärkt sich gegenwärtig die Wahrnehmung vieler Menschen, dass die Bewältigung der Geschehnisse im täglichen Leben, die persönliche geistige Entwicklung sowie die geistige Klarheit im Alter unmittelbar mit jedem Einzelnen selber zu tun haben. Es wird zum Teil eine große Sorge erkennbar, sich seiner selbst im Alter nicht mehr bewusst zu sein und seine Gedanken, Emotionen und auch Handlungen nicht mehr beeinflussen zu können. Diese Angst hat bereits weit um sich gegriffen und ist durchaus berechtigt, wenn man sich in den Reihen der älteren Menschen umsieht. Nicht selten hört man den sorgenvollen und teils ängstlichen Ausdruck: »Hoffentlich werde ich im Alter nicht auch so!«

Die Auswirkungen, die sich mit zunehmendem Alter manifestieren können, wenn der Mensch nicht an sich gearbeitet hat, wirken sich unterschiedlich deutlich aus. Sie können dem älteren Menschen eine Scheinwelt vorgaukeln und ihn in kleineren Bereichen manipulieren, oder sie können die Kontrolle vollständig übernehmen und dem eigentlichen Wesen kaum mehr eine Chance der Verarbeitung lassen. Für den Menschen selbst ist jegliche Fremdmanipulation und Übernahme von wirkenden Mustern, Kraftfeldern aus emotionalen und gedanklichen Energien, die sich durch stete Wiederholung aufgebaut haben, eine Behinderung seiner Entwicklung und stellt eine Eintrübung des Bewusstseins dar. Er ist nicht mehr fähig, klar zu erkennen und seiner persönlichen Führung zu folgen, da die unverarbeiteten und nunmehr starken bis selbstständigen Muster die Kontrolle immer mehr übernehmen möchten.

So ist es zum Teil äußerst bedauerlich, wie stark ein älterer Mensch im feinstofflich sichtbaren Sinne des Wortes »eingenebelt« werden kann und somit den Zugang zur Realität und zur unverfälschten Erkenntnis verliert. Alte Strukturen nehmen überhand und beherrschen das Denken und Fühlen des Menschen. Die Selbstbestimmung und die Eigenkontrolle der jeweiligen Person verlieren sich immer mehr, und eine Fremdmanipulation tritt in den meisten Fällen sehr schnell ein, wenn der Mensch die Kontrolle über sich verliert. In der Aura zeigt sich hier in fast allen Schichten eine massive Bedrängung der Chakras und Energiefelder im Kopfbereich sowie teilweise des Brustkorbes, im Darmbereich und in der Wirbelsäule. Die entstandenen Barrieren und Belastungen formen sich zum Teil spinnwebenartig um den gesamten Kopfbereich und versuchen immer mehr in die persönlichen Energiefelder einzudringen. Der Darm wiegt bei einem älteren Menschen meist einige Kilogramm mehr, da sich materielle Verhärtungen und Verkrustungen festgesetzt haben.

Eigenständige Wesensstrukturen wirken massiv auf den Brustbereich ein und wollen den letzten persönlichen Bereich des belasteten Menschen einnehmen. Ebenso hängen sich die Belastungen an die Wirbelsäule und ihr Umfeld, um die energetische Zufuhr aus den feinstofflichen Ebenen unterbrechen zu können. Alte und verkrustete feinstoffliche Strukturen bohren sich bis in die materielle Ebene hinein und verursachen dort nicht selten Verhärtungen, welche die ursprüngliche Ordnung vollständig verdrängen können und selbst von der medizinischen Geräte-Diagnose wahrgenommen werden. Sehr oft zeigen sich dichte feinstoffliche Stränge und Verbindungen in Energieebenen, mit denen der ältere Mensch sich im Laufe seines Lebens verbunden hatte und von denen er sich nicht mehr lösen konnte. Die von außen auf die jeweilige Person einwirkenden fremden Kräfte können außerordentlich stark sein und versuchen, ihren »Energieträger« zu erhalten. Nicht selten trachten solche Einflüsse auch danach, die vorhandene Materie aufzulösen und die so entstandene Leere mit ihren eigenen Energiefeldern zu füllen, was die Fremdbeeinflussung noch erheblich steigert.

Auf unbewusster Ebene erkennen solch belastete Menschen, dass ihnen die Kontrolle genommen wird, und sie versuchen bereits, mit ihren Seelensubstanzen den Körper zu verlassen. Nicht selten gibt das innere Wesen teilweise auf und glaubt, den »Kampf« nicht bestehen zu können und keine Chancen mehr zu haben. Manchmal erscheint es dem Menschen unerträglich, die nunmehr sehr unangenehmen Gefühle dauerhaft in sich zu fühlen und dem energetischen Druck ausgesetzt zu sein, welcher den Fortbestand der jeweiligen feinstofflichen Einheit sichern soll, da durch jedes Denken und Fühlen diese Kraftfelder mit der entsprechenden Energie gespeist werden. So erscheint manchmal die Flucht nach innen oder auch in äußere, vom Tagesbewusstsein weniger erreichbare Aura-Schichten, als Lösung für die gefühlsmäßigen Beklemmungen und Belastungen. Dieser Freiraum ermöglicht den beherrschenden Einheiten allerdings noch mehr Kontrolle und Wirkungsmöglichkeiten.

Dies ist eine erschreckende Auswirkung, und bei Einsetzen dieser Vorgänge ist es manchmal schon zu spät für den jeweiligen

Menschen, um an sich zu arbeiten und diese »Einnebelung« zu unterbinden. Aus diesem Grunde ist es äußerst sinnvoll und wichtig, so früh als möglich bestehende Situationen, Gefühle und Gedanken anzunehmen und zu lösen. Sind die wirkenden Verdichtungen bereits bei einer gewissen Stärke angelangt, lassen sie dem Menschen kaum mehr eine Chance der Erkenntnis, und ein geistiger Verfall setzt ein. Immer mehr wird die eigentliche Persönlichkeit aus ihren Bewusstseinszentren verdrängt, und mit zunehmender Schwäche haben die immer stärker werdenden und sich teilweise auch mehr verdichtenden Energien Zugriff und Kontrolle über die Person.

So sollen in diesem Buch nicht die materiellen, also körperlichen Auswirkungen behandelt werden, sondern die geistigen und emotionalen Hintergründe, welche die eigentlichen Ursachen einer Eintrübung des Bewusstseins darstellen. Diese Erkenntnis und ein spirituelles Verständnis der Hintergründe, die im Feinstofflichen liegen, sind die Voraussetzungen für eine aktive Arbeit an sich selbst und den Umgang mit den emotionalen und geistigen Einflüssen, die dem Menschen auf dem Erdenweg begegnen und mit denen er umzugehen lernen muss. So kann er sein Energiefeld klären, unerlöste Gedanken und Gefühle umwandeln und somit den Zugriff von Fremdenergien unterbinden. Dazu sollte er sich immer wieder die Wichtigkeit der Auswirkungen von Gedanken und Gefühlen bewusst machen und wissen, dass alles, was je gedacht und gefühlt wird, niemals verloren geht, sondern immer zur Verwirklichung drängt. Der Mensch ist in gewisser Weise stets Lenker seines Lebens, sollte sich allerdings auch bewusst machen, dass er Altlasten aus früheren Leben auflöst und manchmal auch Energiefelder bearbeitet, die für die Gesamtheit notwendig sind. Je früher mit dieser Aufgabe begonnen werden kann, umso sicherer kann der Mensch sein, dass er viele energetische Verdichtungen, die in den feinstofflichen Ebenen geschaffen wurden, bereits frühzeitig auflösen kann. In der Annahme der eigenen Lebensumstände, dem Wunsch nach baldiger Erkenntnis sowie dem inneren Loslassen der Gegenwehr, kann die Kraft fließen für die Auflösung alter Belastungen.

Dies ist grundsätzlich keine leichte Aufgabe, und es gehört ein gutes Maß an Eigenverantwortung und persönlichem Einsatz dazu. Die Grundeinstellung ist wichtig, denn der Mensch selbst ist es, der sein Leben in die Hand nehmen kann und sich durch Erkenntnis und geistige Arbeit weiter voran bringen und entwickeln wird. Dies ist im wahrsten Sinne des Wortes ein ent-wickeln aus irdischen Verwicklungen, um frei zu sein im Geiste. Dann gibt es absolut keinen Grund für das Eintreffen unschöner Erlebnisse oder Vorgänge sowie irgendeiner Bewusstseinstrübung im Alter, da das Leben selbst *für* den Menschen ist und ihm grundsätzlich Gutes wünscht. Jegliche energetische Grundlage für das Negative ist behoben, und es gibt nichts, was sich in der Materie verdichten möchte. Das Leben selbst ist bestrebt, seine Energien gesund und kräftig fließen zu lassen und wird alles daran setzen, diesen Prozess zu unterstützen. Ein reifer, geläuterter Mensch kann durch seine Ausstrahlung einen großen Einfluss auf seine Umgebung ausüben und so manche unangenehme und verwirrende Energie zum Nutzen seiner Mitmenschen harmonisieren. Es ist ein wunderbarer Anblick, wenn ein Mensch große Reife erlangt hat und geistige und emotionale Stabilität und Stärke ausstrahlt. Gerne halten sich dann auch jüngere Menschen in seiner Nähe auf und sind dankbar für einen Rat oder ein weises Wort, da sie die Tiefe und Stärke dahinter fühlen. Es liegt immer an jedem Menschen selbst, ob er sich aus den bestehenden Ich-Umkreisungen löst, seine ihm gestellten Aufgaben annimmt und verarbeitet und so aktiv an seinem Reifeprozess mitarbeitet.

So ist es wenig hilfreich, wenn man behauptet, das Umfeld sei schuld, die schwierige Kindheit oder schwere Schicksalsschläge, die man zu durchleben hatte. Diese Einschnitte beeinflussen mit Sicherheit das Gefühlsleben, aber auch diese Erlebnisse besaßen einen Hintergrund und einen tiefen Sinn und haben die Seele in ihrer Entwicklung gefördert und vielleicht so manche Altlast aus einem früheren Leben bereinigt oder noch entwicklungsbedürftige Teilbereiche des Menschen auf ihrem Weg zur Liebe reifen lassen. Diese Betrachtung des Lebens lässt den Menschen demütig seine inneren Prozesse annehmen, und er kann sich bewusst machen, dass das Leben immer für ihn und nicht gegen ihn ist. Die Liebe seines höheren Selbst und die geistige Welt ist mit allen Menschen und lässt niemanden jemals umsonst leiden oder Schmerzen erdulden. Immer liegt ein tieferer Sinn darin, auch wenn dies im ersten und vielleicht auch zweiten Moment noch nicht ersichtlich ist. Diese Einstellung bedeutet nicht, dass der Mensch alles, was ihm im Leben widerfährt, ergebungsvoll leidend hinnehmen soll, sondern er sollte mit klarem Bewusstsein und wachem Geist das Geschehen erkennen und dann aktiv mit den Reaktionen in seinem Inneren umgehen und die Situationen analysieren und einer Lösung zuführen. Dies erzeugt mehr Wachheit im Leben, und mit jeder verarbeiteten Situation und jedem ausgerichteten Teilbereich des eigenen Wesens steht jedem Menschen mehr Energie und mehr Verbindung in die geistigen Ebenen offen. So schult der Mensch nicht nur sein eigenes Wesen, sondern auch das Umfeld, welches an jeglicher Aktion eines Individuums in gewisser Weise teilnimmt und von ihm positive oder negative Impulse aufnimmt. Jeder Mensch ist mit dem gesamten Sein verbunden und kann somit auch auf alles Geschehen und Erkennen einwirken, ebenso wie er im Gegenzug von der Gesamtheit berührt wird.

Sobald dieser Prozess sowie die Reaktionen auf die persönlichen Gedanken- und Gefühlsfelder erkannt und angenommen werden, beginnt die Verarbeitung, und die bestehenden Gefühle und Gedanken können aufgelöst werden.

Jegliche energetische oder geistige Blockade besteht aus konzentrierten Gedanken und Emotionen, an die zum Teil noch Fremdlasten angeheftet sind. Diese fremden Felder bestehen aus artgleichen Emotionen und Gedanken, so wie die Blockade selbst, und können sich aufgrund des Resonanzgesetzes, Gleiches zieht Gleiches an, an die bestehende Blockade anheften. Diese Verdichtungen stören den feinstofflichen Energiefluss und können mitunter den Einstrom feinstofflicher, den Menschen ernährender Energien unterbinden und die Verbindung in die feinstofflichen Regionen empfindlich stören.

Solche im Feinstofflichen deutlich sichtbaren Konzentrationen werden ab einer bestimmten Dichte und Größe selbstständig und folgen ihren jeweiligen Programmen. Diese abgespaltenen Seelenteile der jeweiligen Person erlangen eine Art Eigenständigkeit, sie entwickeln einen Selbsterhaltungstrieb, und diese so entstandenen Einheiten werden immer versuchen, ihr Energieniveau zu halten bzw. zu vergrößern. Dies ist eine geistige Gesetzmäßigkeit, die niemand umgehen kann, aber der Mensch kann bereitwillig die bestehenden Strukturen annehmen, verändern, ausrichten und somit auflösen. So kann der freie Fluss der Schöpferkräfte wieder fließen und die innere Heilkraft aktiviert werden.

Bewusstseinstrübungen entstehen aus selbstständig wirkenden emotionalen und gedanklichen Strukturen, die immer mehr ihr Programm dem Menschen aufdrücken können, selbst wenn sich die Lebensumstände oder die innere Erkenntnis bereits verändert haben. Sie folgen strikt ihren Programmen und sind gestärkt durch Seelenpartikel der jeweiligen Person. Sie haben somit ein intensives Eigenleben und den Drang nach Fortbestehen und steter Verwirklichung ihres Inhaltes. Es sind oftmals jahrelang verdrängte Ängste, Ablehnungen persönlicher Strukturen sowie Vorgehensweisen gegenüber Menschen, die nie angesprochen oder verändert wurden. Es sind zum Teil Verarbeitungen aus früheren Inkarnationen, die, da sie keine Annahme fanden, nun alles daran setzen, um vom menschlichen System angenommen zu werden. Auch tiefe Bedürfnisse oder Verdrängungen, die der Mensch nie zum Ausdruck brachte, können im Alter eine solche Stärke annehmen, dass sie als eigene Vorstellungswelt die gegenwärtige Realität überdecken. Die Flucht in eine erschaffene Scheinwelt kann das Bewusstsein eintrüben und, obwohl die aufgebaute Schutzwelt inzwischen vielleicht nicht mehr notwendig ist, immer noch ihr Programm verwirklichen. Auch wenn der Mensch bestimmte ungute Wesenszüge oder Begierden seiner Personlichkeit ablehnt oder verdrängt, können diese, da sie im gegenwärtigen Leben zur Verarbeitung anstehen und durch die Verdrängungsenergie zu noch mehr Kraft gelangt sind, extrem auf den Menschen einwirken und ihn beeinflussen. Je weniger körperliche Energie dem älteren Menschen aufgrund des natürlichen Alterungsprozesses dann zur Verfügung steht, umso leichteres Spiel haben diese Einheiten sogleich, um wirken zu können, da der Ausgleich von mehr geistiger Energie für die abnehmende körperliche Energie im Alter nicht gegeben ist, sondern im Gegenteil die feinstofflichen Kräfte von den unverarbeiteten Strukturen noch stärker abgezogen werden.

So sieht man häufig, dass zum Beispiel ein Mann, der soeben in Rente gegangen ist und sich eigentlich auf eine schöne Zeit zu Hause freuen könnte, gar keine Möglichkeit hat, zur Ruhe zu kommen, sondern im Gegenteil täglich stärker in Unruhe verfällt, immer nervöser und unausgeglichener wird. Hier zeigt sich ein häufig anzutreffendes Energiefeld.

Ein Mann hatte früh geheiratet und in schneller Folge wurden seine drei Kinder geboren. Nach einiger Zeit hatte man ein Haus gekauft, und die monatlichen Belastungen wurden materiell und energetisch zu einer großen Last. Dieser Mann hatte in seinem Beruf durchaus Erfolg, aber es war nicht sein Traumberuf, und er musste sich nach einer gewissen Zeit zwingen, in dieser Branche weiterzuarbeiten, obwohl ihm dies keine Erfüllung mehr schenkte. Jeden Tag baute er sich eine Hilfsenergie auf, welche den Inhalt hatte: »Du hast Kraft, diese Arbeit zu tun; nimm dich zusammen; raffe deine Energie zusammen; du musst arbeiten; du kannst nicht kündigen, sonst kannst du die monatlichen Raten für das Haus und den Unterhalt für deine Familie nicht mehr sichern; lass dich nicht hängen. Los geht's!« Jeden Tag vergrößerte sich dieses existierende Feld, bestehend aus jenen Gedanken und Emotionen, und mit der Zeit entwickelte es durchaus die notwendige energetische Unterstützung und half ihm, die Situation durchzustehen. Während einer körperlichen Krankheit trug ihn dieses Energiefeld ebenfalls weiter, denn er durfte nicht krank sein, sonst würde er vielleicht seine Anstellung verlieren. So war auch der Körper nicht in der Lage, die bestehenden Lasten aufzuarbeiten. In der Aura des Mannes war dieses Feld mit seiner eingeprägten Aufgabe nun erschaffen und wirksam und versuchte stetig, sein Programm zu verwirklichen. Abgespaltene Seelenteile des Mannes prägten das Feld, und die Selbstständigkeit dieser Einheit nahm ihren Lauf. So musste er nach einer gewissen Zeit gar nicht mehr selbst an seine eigene Motivation denken, da das Energiefeld dieses übernommen hatte, ihn aktivierte und er somit das Programm verwirklichen konnte. Als der Mann in Rente ging, schaltete sich dieses existierende Energiefeld nicht einfach ab. Es war nach wie vor vorhanden und glaubte, sein Programm ausführen zu müssen. Es trieb den Mann täglich an, und wenn er energetisch nicht mit seiner Arbeit verbunden war, glaubte das Energiefeld, es müsste den Mann noch antreiben, um mit der Firmenenergie, mit der es bislang zu tun hatte, verknüpft zu sein. So entstand in dem Mann ein ständiges Unwohlsein und eine große Unruhe, da er ja das, was er tun sollte, aus der Information seines aufgebauten Feldes nicht verwirklichte und die Energie, die ihn erreichte, nicht umsetzte. Er fühlte sich somit unwohl, gehetzt und unzufrieden.

In diesem Fall war es absolut notwendig, dieses Energiefeld abzutragen und das Programm zu verändern. So etwas geht nicht von heute auf morgen, und wenn man sich dieses Feld nicht bewusst macht, kann man auch sehr schwer an das Programm herankommen und es verändern, was eine langwierige, gefühlsmäßig schwierige Zeit zur Folge haben kann.

Man kann sich den Zugang wie bei einem Computer vorstellen. Wenn man das Programm oder den Dateinamen nicht kennt, kann man auf der Tastatur herumhacken so lange man will, man bekommt keinen Zugang und kann das Programm nicht verändern. Dann wundert man sich zwar über die Auswirkung, aber erkennt den Grund nicht.

So kann der betroffene Mann im beschriebenem Fall durch die bestehende Unruhe und Unausgeglichenheit erkennen, dass in ihm etwas nicht stimmt. Er kann sich nach der Erkenntnis des Sachverhaltes in Ruhe mit dem Feld verbinden und jedes Mal, wenn er die Unruhe spürt und sich das »Computerprogramm« von sich aus öffnet, aktiv werden und mit liebevollen, erklärenden Gedanken die Information darin verändern. Es ist ein Segen, dass das Leben die Möglichkeit der Aufarbeitung selbstgeschaffener Felder für den Menschen bereit hält. Dies erscheint oft schwierig, aber der Inhalt vieler Felder und Gedankenformen ist gefühlsmäßig unangenehm, denn die Annahme dieser Bereiche erfolgt über das Solarplexus-Chakra und wird somit vom persönlichen Gefühlsfeld registriert und gefühlt. Dieses bedrängende Feld meint es im Grunde nur gut und dient seinem Schöpfer, je nach dem Inhalt seines Programms. Es ist also auch gar nicht angebracht, über dieses Feld zu schimpfen oder gar böse zu sein, sondern man kann sich bei dem Feld für die bisherige Tätigkeit bedanken, das Gedankengut ändern und die freiwerdenden Energien liebevoll wieder aufnehmen. Auf keinen Fall sollte man sie verdrängen oder sagen: »Damit will ich nichts mehr zu tun haben!« Diese Energien müssen wieder in das System einfließen. Es sind persönliche Energien, die dem Menschen fehlen, wenn er sie verdrängt. Da jede persönlich geprägte Energie immer wieder zu ihrem Ursprung zurückkehrt, wird man in jedem Fall wieder damit konfrontiert, da es wichtig und richtig ist, diese Einheiten wieder zu integrieren.

Es stellt eine wichtige Erkenntnis dar, dass sich Gedankenformen öffnen, wenn sie gefühlsmäßig wahrnehmbar sind. Das belastet zwar, da man sich meist nicht gut fühlt, aber es ist eine einmalige Möglichkeit, hier Einstellungen zu verändern und sich von aufgebauten Mustern zu lösen. Es ist wirklich eine Gnade, dass der Mensch hier die Möglichkeit erhält, seine unerlösten Ausstrahlungen zu erkennen und diese durch Erkenntnis, Arbeit und Liebe auf den Schöpfungsstrom einzustellen.

So kann sich der Mann im genannten Fallbeispiel in einer Meditation die Gefühle und Gedanken seiner ihn nun belastenden Einheit heranholen und sich tief in die aufkommenden Gefühle einlassen. Man darf nicht vergessen, dass diese Gedankeneinheit jahrelang ihren Dienst getan hat und stets für ihn gewirkt hat. Für den Umstand, dass sie nun zu einer unangenehmen Erscheinung geworden ist, kann sie nichts. Je liebevoller solche Formen und Felder betrachtet werden, umso stärker fließt die Liebe in sie ein, die solche Muster verändert und auflöst. So kann der jetzige Rentner die Information verändern und die Gedanken- und Gefühlsverhärtung auflösen. Dies wird nicht sofort gelingen, da der Aufbau sich über viele Lebensjahre erstreckte, aber die Auflösung wird immer intensiver, und nach einiger Zeit ist die Struktur gelöst. Am Anfang jedes Auflösungsprozesses wirken sich die jeweiligen Inhalte noch einmal besonders stark aus, aber mit der Zeit werden sie weicher und ruhiger, und die Berührung mit ihnen wird gefühlsmäßig angenehmer ertragen. Immer wieder kann der Mensch alte Muster erkennen, und er wird zum Glück immer wieder vor die Aufgabe gestellt, solche selbst aufgebauten und jetzt zurückwirkenden Hilfsmittel abzutragen.

Man darf sich durchaus auch bewusst sein, dass mit zunehmendem Körperalter die jugendliche Vitalität weicht und sich hier und dort bestimmte Alterserscheinungen einstellen. Man kann gewisse Aktivitäten nicht mehr in dem Maße verrichten, wie das in jüngerem Alter der Fall war, und der ältere Körper kann schneller ermatten. Dies ist ein natürlicher Vorgang, stellt sich aber in einem durchaus erträglichen Maße ein, wenn die geistigen Hintergründe vorhanden sind und man in Harmonie mit den Gesetzmäßigkeiten des Körpers arbeitet. Dies beinhaltet auch eine gute Ernährung und Bewegung in dem Maße, wie sie für den Menschen angenehm und machbar erscheint.

Früher konnte man in den Großfamilien ein interessantes Phänomen beobachten. Die vor Vitalität sprühenden Kinder waren am Abend mit Energie aufgeladen und kuschelten sich danach an Oma oder Opa, um von ihnen die notwendige Ruhe zu erhalten und die angesammelte Überaktivität auf natürliche Weise abzubauen. Die älteren Menschen nahmen diese überschüssige Energie gerne auf, und es entstand ein harmonisches energetisches Miteinander. Diesen sehr körpernahen Energieaustausch gibt es aufgrund der modernen Lebensgestaltung kaum mehr, denn die älteren Menschen sowie die jungen Familien leben zumeist getrennt. Auch aus diesem Grund ist es besonders wichtig, seine Energiequellen im Alter aus feinstofflichen Ebenen zu beziehen und jede Störung dieser Energiezufuhr zu vermeiden.

Es ist ein wunderbarer Zustand, geistig wach und aktiv zu sein und für jüngere Familienmitglieder, Freunde und Bekannte im Berufsleben und später im Alter eine Quelle der Erfahrung zu sein und einen Kraftpunkt darzustellen, den man gerne um Rat fragt und für seinen Überblick bewundert. Dies wäre ein bewusster

Mensch, der nicht nur mit sich und seinen alten Mustern beschäftigt ist, sondern der seiner Umwelt etwas übermitteln und geben kann. Dieser Mensch kann sein Leben genießen und ist nicht gefangen in wirren Vorstellungen und Altlasten. Er hat sich einen Überblick erarbeitet und eine gefühlsmäßige Harmonie erreicht, an denen er auch im Alter weiter arbeitet und nicht aufhört, stets wachsam sich selbst und sein Umfeld zu beobachten.

So wird in diesem Buch zuerst der energetische, feinstoffliche Hintergrund des Menschen und der geltenden geistigen Gesetzmäßigkeiten erläutert, anschließend das Aussehen von Formen und Feldern innerhalb der Aura beschrieben und dann anhand bestimmter Situationen im Detail erklärt. Mit den notwendigen Informationen und dem tieferen Wissen können dann die eigenen Probleme aufgearbeitet und das eigene Innere erkannt und geläutert werden. Je klarer und freier das menschliche Energiefeld in der gesamten Aura schwingt, umso freier können die höheren Kräfte fließen. Nach einer Aufarbeitung bestimmter Problemfelder gibt es keinen Grund und keine geistige Ursache mehr, wodurch Bereiche den Geist des Menschen eintrüben oder verdunkeln könnten. Durch die intensive Arbeit an sich selbst und die Reinigung und Ausrichtung der Energien wird im Gegenteil die Voraussetzung geschaffen, um mit noch mehr Bewusstsein und geistiger Klarheit das Leben zu meistern und auf der Gefühlsebene den lichtvollen Energien näher zu kommen. So kann der Mensch seine Seele erheben und nach diesem Erdenleben in höhere Ebenen aufgenommen werden. Er steht nicht an der Schwelle und muss leidvoll erkennen, dass er versäumt hat, vieles zu verarbeiten. Er bleibt nicht an ähnlich schwingende irdische Felder gebunden, sondern kann sich mit seiner durchlichteten Seele emporschwingen. Im Erdenleben ist ein Verdrängen von Gefühlen durchaus möglich, aber in den jenseitigen Ebenen ist man stets und immer davon umgeben, und die Auflösungen dauern beträchtlich länger. So manche Seele musste mit Erschrecken feststellen, dass sie für die nicht aufgelösten oder neu aufgebauten Muster nochmals auf die Erde zu kommen hatte und auch in der Zwischenzeit gewisse astrale Welten nicht verlassen konnte.

Bei einer Seele, die ihre Aufgaben bewältigt hat und im Einklang mit ihrer geistigen Führung und ihren höheren Seelenkräften schwingt, wird der Übergang von der materiellen Ebene in die feinstoffliche, also das Ablegen des materiellen Kleides, ein müheloser und sanfter Vorgang, der nicht durch bindende Strukturen belastet und erschwert wird. Durch die geschaffenen Verbindungen in die höheren Ebenen können die helfenden und heilenden Schwingungen bedeutend leichter angenommen werden und die Nähe der liebevollen Helfer und Seelen, die vorausgegangen sind, kann intensiver wahrgenommen werden.

Ein wichtiger Bestandteil bei der mentalen und emotionalen Arbeit des Menschen ist die Ausrichtung von Seelenteilen, die im Kindesalter nur ansatzweise oder überhaupt nicht im dafür vorgesehenen Zeitrahmen an die jeweilige energetische Struktur angeschlossen wurde, wodurch energetische Lücken und oftmals auch ein großer Energienotstand entstehen konnte. Diese noch unausgerichteten, meist auch kindlichen Teile, die stets Energie im Außenbereich suchen, können unbewusst großen Einfluss ausüben und den Menschen viel Kraft kosten.

Ebenso werden in diesem Buch Fremdbeeinflussungen beschrieben sowie die Möglichkeit, sich von diesen zu befreien oder gar nicht erst mit ihnen in Verbindung zu kommen. Zahlreiche Wesenheiten dieses Planeten haben es mit ihren Energien darauf angelegt, die Menschen im Rad der Wiedergeburt zu halten und sie nicht von der Erdsphäre loszulassen, da sie ansonsten einen Energiezuträger verlieren würden und keinen Einfluss mehr auf ihn ausüben könnten. Der Mensch wird in erschreckendem Maße von Fremdbeeinflussungen manipuliert, die ihn in ihrem Machtbereich halten wollen. So nährt der Mensch unwissentlich bestimmte Energiefelder oder Gedankenformen und verliert durch dieses Vorgehen dauerhaft und ständig eigene Energie, welche ihm für seine persönlichen Prozesse und seine Befreiung fehlen. Das ist natürlich ein bedauerlicher Umstand, aber durch die Erkenntnis und Veränderung dieser Beeinflussungen kann sich der persönliche Energiestrom sehr schnell neu ausrichten; und mit dem nötigen Einsatz lassen sich innere Strukturen verändern, damit sie nicht erneut missbraucht werden können. So kann der Mensch auch hier freier und klarer werden und es gibt keine Kräfte mehr, die das Bewusstsein trüben und eine klare Erkenntnis und Lebensführung auch im hohen Alter verhindern.

Um zu mehr Klarheit als Voraussetzung für einen freien Geist zu gelangen, wird vom Menschen die bereitwillige Annahme seines wahren Selbst vorausgesetzt. Es ist wichtig, zu sich zu stehen und auch sehr unangenehme Wesenszüge seines Inneren zu akzeptieren und als solche zu erkennen. In der weltlichen Erziehung wird dem Menschen oftmals mitgeteilt, dass er *gut* zu sein hat, um vor den Mitmenschen immer positiv dazustehen, oder er soll keine Schwächen zeigen, um nicht abgeurteilt oder als schwach dargestellt zu werden. Aus diesen Vorstellungen gilt es sich zu lösen, denn wenn alles gut und stark wäre, würde der Planet nicht so aussehen, wie er es tut.

Es ist die Bereitschaft notwendig, auch unangenehme Gefühle zu akzeptieren und anzunehmen, um sie auch tatsächlich in ihrer Tiefe verarbeiten zu können. Ansonsten wird alles Negative nur weiter in die Aura abgedrängt, und bei einsetzender körperlicher Schwäche drücken diese verdrängten Kräfte machtvoll zurück und wollen angenommen werden. Bei einem zu kräftigen Rückfluss verdrängter Einheiten wird es sehr schwer für die jeweilige Persönlichkeit, den Überblick zu behalten und mitzubekommen, was sich eigentlich im Inneren abspielt. Die Bereitschaft der Annahme unangenehmer Situationen ist extrem wichtig. Sobald der Mensch beginnt, sich hier etwas vorzumachen, baut er bereits die nächste Scheinwelt auf, die ihn umgarnt und umnebelt, da sie ja im Feinstofflichen somit existent wird und stets Einfluss auf die Person ausübt, die sie geschaffen hat. Da dies gerne in einen unbewussten Vorgang übergeht, birgt es eine große Gefahr und darf nicht unterschätzt werden. Jedoch ist es immer möglich, solche Scheinwelten zu erkennen und wieder aufzulösen, wenn auf die Gedankengänge und Gefühle geachtet wird.

Das Wissen über die emotionalen und mentalen Energien ist von großer Wichtigkeit, um das Vorgehen voraussehen zu können und die notwendigen Maßnahmen zu ergreifen, um eine Klärung und Befreiung herbeizuführen. So kann der Mensch nur mit einem eindeutigen Ja und der Bereitschaft, auch das Unangenehme zu akzeptieren, in dem Bereich der geistigen Befreiung weiterkommen.

Nun sollen aber diese Aussagen keinen emotionalen Stress aufkommen lassen, als wäre eine Verarbeitung nur dann möglich, wenn diese Voraussetzungen absolut gegeben sind. Der Mensch wird sicher immer wieder in alte Muster zurückfallen oder Fehler mehrfach wiederholen, bis er sie ablegen kann. Das ist normal und in Ordnung. Er sollte nach einem Sturz oder Stolperer nur immer wieder aufstehen und weitergehen.

Oftmals hemmen auch Gefühle wie »Das schaffe ich nicht!« oder »Dafür habe ich einfach nicht die notwendige Kraft!« die Annahme und Verarbeitung von unangenehmen Energiefeldern. Dies ist zwar verständlich, aber daran sollte aktiv gearbeitet werden, denn der Mensch erhält in jedem Fall die notwendige innere Hilfe für alle seine geistigen Aufgaben. Es existiert auf diesem Planeten ein machtvolles Feld, welches sich von Selbstmitleid speist und dieses Gefühl immer wieder im Menschen provozieren möchte, damit es sich hierüber ernähren kann. Manche Menschen hängen sehr stark an diesem Feld, was eine Verarbeitung nachhaltig beeinflusst. Erst das tiefe Verständnis, dass dieses unangenehme Erlebnis oder Ereignis als wichtiger Schritt für die persönliche Entwicklung und nicht als Strafe oder Last wahrgenommen werden sollte, kann die Loslösung herbeiführen.

Das Leben selbst zeigt die anstehenden Situationen auf, und wenn man mitschwingt mit den Vorgaben und der Führung seiner Seele vertraut, kann nichts geschehen, was nicht im Sinne des Schöpferwillens liegt - und der gesamte Vorgang wird behütet. Die meisten Ängste resultieren aus einem Mangel an Vertrauen zur geistigen Führung, welche die noch lieblosen Weltgeister meist mit Erfolg kräftig unterstützt. So wird stetig verdrängt und abgewehrt und somit nochmals sehr viel unnötige Energie verbraucht, anstatt die Dinge anzunehmen, fließen zu lassen und durch das Hindurchgehen und Verarbeiten zu mehr Freiheit zu gelangen. So wird durch die Auflösung und Arbeit an sich selbst nicht nur eine größere geistige Klarheit erreicht, sondern es werden gleichzeitig Tugenden wie Geduld, Demut und Nächstenliebe aufgebaut.

Durch das Verarbeiten von energetischen Verdichtungen klärt sich die Aura, und der Mensch kann mehr Energie aus den geistigen Ebenen erhalten.

Je mehr sich die Aura klärt und reinigt, umso intensiver kann der Mensch Inspirationen aus den geistigen Ebenen erhalten. Die ankommenden Informationen werden nicht durch persönliche Muster getrübt, sondern ein freier Austausch kann stattfinden. Auch das Wahrnehmen der Mitmenschen erfolgt freier und klarer. So kann der Mensch über intuitive Hinweise auch als Hilfe und Unterstützung der geistigen Führungskräfte dienen und den Mitmenschen im Umfeld manchen hilfreichen Rat geben oder auf energetischer Ebene die Entwicklung im Gegenüber anregen.

Durch einen freieren Energiefluss erkennt die inkarnierte Persönlichkeit immer klarer und deutlicher, welche neuen Informationen für sie anstehen, welche Entscheidungen die richtigen sind und welcher Weg eingeschlagen werden sollte. Dann kann die inkarnierte Persönlichkeit von den höheren Kräften für einen aktiven Dienst an der Menschheit und die Bearbeitung der existierenden Energiefelder eingesetzt werden. So lebt eine Seele nicht nur für sich selbst, sondern stets auch für die anderen. Alles ist miteinander verbunden und jegliche Aktivität wird registriert und zeigt ihre Auswirkungen. Menschen, die bestimmte geistige Arbeiten als Pioniere vollbringen, haben es immer schwerer, um den feinstofflichen Weg zu ebnen, als Menschen, die einen breiteren Pfad nehmen werden. Das »Zeitalter des Geistes« kann in diesem Sinne als eine Zeit betrachtet werden, in der sich das Einfließen und Erkennen der geistigen, feinstofflichen Hintergründe ereignet, die mit dem aktiven Leben und seinen Gesetzmäßigkeiten in Harmonie zu schwingen beginnen. Dennoch wird manche Befreiung aus irdischen Bindungen zu einer Pionierarbeit für das kollektive Feld, was sehr viel Kraft und Liebe erfordert.

I.

KÖRPER-SEELE-GEIST

Um das wahre Selbst des Menschen zu verstehen, so wie es in diesem Buch verstanden wird, ist es vorteilhaft, die Hintergründe von Körper, Seele und Geist näher zu betrachten.

Der Körper

Man kann den Aufbau des Körpers in der Art darstellen, dass man sich den Leib als Wohnsitz der Seele in dieser materiellen Welt vorstellt. Er dient der Persönlichkeit für die Zeit ihres Erdenweges und ist auch aus seinen inneren Bestrebungen heraus bemüht, mit dem Seelenwesen an den aufzulösenden Energien zu arbeiten, wofür ihm intensive Möglichkeiten gegeben werden. Er zeigt durch Krankheit, Schmerz, Ängste oder andere Gefühle auf, dass eine Belastung vorhanden ist und zur Lösung gebracht werden soll. Es ist ein wunderbarer Schöpfungsakt, dass der Körper in der Lage ist, feinstoffliche Energien abzutragen, indem er sie entweder durch Tränen nach außen schwemmt, über Schweiß große Ängste und Sorgen absondert oder über den Verdauungstrakt viele Energiestrukturen »verdauen« kann. Auch der Kieferbereich »kaut« für die Seele unverarbeitete Probleme durch, und selbst in der Gesichtsmuskulatur werden sehr viele Emotionen abgelagert. So kann man einen gefühlsmäßig verhärteten Menschen am Ausdruck seines verhärmten Gesichtes erkennen und einen entspannten Menschen am weichen Ausdruck seiner Gesichtszüge.

Der Körper will aus sich heraus gesund sein. Ihm steht ein Energiefeld zur Verfügung, welches als innerer Arzt bezeichnet werden kann, der ihn auch ohne die Beeinflussung von außen immer wieder zur Genesung führen möchte. Welcher große Schöpfungsakt hier zugrunde liegt, kann der Mensch mit Sicherheit nur im Ansatz erahnen. Die Dankbarkeit kann dem Körper jedoch stets übermittelt und seine Hinweise angenommen werden, anstatt ihn meist auch noch dafür zu beschimpfen, dass er schon wieder Probleme hat. Dies setzt auch den Glauben und das Wissen an eine geistige Führung voraus, der man bedingungslos vertrauen kann. So wird keinem Menschen eine Krankheit oder geistige Auflösungsarbeit zugeführt, die nicht Sinn und Hintergrund hat, entweder zur Verarbeitung von Altlasten oder zur Reifung der Seele. Wenn sich hier das notwendige Vertrauen gebildet hat, wird es keinen inneren Energieaufbau mehr geben, der aus lauter Angst vor Krankheit die Verarbeitung blockiert, sondern es wird liebevoll angenommen, wenn es etwas zu durchleben gibt. Hier darf das Ego zurückgestellt werden, welches immer glaubt, es müsse die Kontrolle und die Fäden in Händen halten und alles am besten wissen, so als würde die Wahrnehmung des Verstandes ausreichen, um in alle feinstofflichen Ebenen schauen und die gewaltigen Sphären überblicken zu können. Je mehr das Ego glaubt, die Kontrolle ausüben zu müssen, umso stärker werden die feinstofflichen Energien blockiert, da die Egokraft hart und undurchlässig ist und somit Blockaden errichtet, die liebevollen und unterstützenden höheren Energien dagegen weich und durchlässig sind. So kann ein Mensch, der aus Aspekten seines Wesens heraus dem Programm vertraut, sein Leben stets selbst in der Hand halten zu müssen, kaum in der Lage sein, sein Genick und seinen Kopf vollkommen zu entspannen. Tief eingekerbt sitzt der Verstandeswille und versteift mit seiner harten Energie. Dort, wo der Mensch mit seinem Willen verbohrt ist, können der Gotteswille und somit die inneren Heilkräfte nicht einfließen. So gilt hier zutreffend: »Wer seinen Kelch nicht lehrt, in den kann Gott nichts hineinfüllen.«

Wohin den Menschen die Auswirkungen des Egoismus gebracht haben, können wir leicht am Gesundheitszustand aller Menschen und am Zustand dieses Planeten erkennen. Überall herrschen immer mehr Krankheit und Schmerzen, was auch als Verunreinigung in der menschlichen Aura zu sehen ist. Ebenso sieht die Aura des Planeten aus. So gibt es auch auf dem Planeten kaum noch einen Ort, an dem es nicht irgendwelche materiellen Verunreinigungen und Verschmutzungen gibt.

Der materielle Körper ist aus allen Substanzen entstanden, die es auf der Erde gibt, und er wird substanziell wieder zu Erde zerfallen. Alle Mineralien und Spurenelemente, alle Stoffe aus dem Pflanzen- und Tierreich sind darin enthalten, ebenso die energetischen Strukturen von Pflanzen und die Wesenszüge aller Tiere. So kann der Mensch derzeit durch Kontakte mit lichtvollen Welten ein Anheben der feinstofflichen Strukturen des gesamten Planeten erreichen.

Das ganz Besondere im Menschen ist der ihm innewohnende Gottesfunke, die Christus-Kraft, welche einen Teil seines höheren Wesens darstellt und ihm auf allen noch unentwickelten Bewusstseinsstufen den Heimweg weisen will. Ausschließlich diese höhere Kraft ist es, der der Mensch die notwendige Energie verdankt, um Energiestrukturen umzuwandeln und den rechten Weg zurück zu finden, zurück in eine geistige Heimat, aus der wir alle stammen. Vielleicht wird es auch eines Tages möglich sein, alle materiellen Bestandteile eines Erdenkörpers durch Vergeistigung sofort mit in die feinstofflichen Ebenen zu nehmen, so wie es Jesus von Nazareth als Christus vorgelebt hat und den Menschen verkündete, als er sie aufrief, ihm nachzufolgen, denn: »Niemand kommt zum Vater außer durch mich.« So könnte jeder Mensch einen Teil der bisherigen Materie in das feinstoffliche Reich mitnehmen, der dadurch erhöht und verfeinstofflicht würde. Das wäre ein sehr erstrebenswertes Ziel.

Im Laufe eines Erdenlebens ist der Mensch auch bisher schon in der Lage, viele Teilbereiche bestimmter irdischer Ebenen durch aktive Arbeit zu erhöhen und an deren Weiterentwicklung mitzuwirken, allerdings wird der materielle Bestandteil des Körpers derzeit nach dem leiblichen Tod noch vollständig an die Erde zurückgegeben.

Die Seele

Die Seele kann man sich als feinstoffliche Einheit vorstellen, die aus verschiedenen Aspekten zusammengesetzt ist. Sie ist das eigentliche Wesen und hat in ihrer höheren Struktur engen Kontakt mit den höchsten geistigen Ebenen und wird am Ende ihrer feinstofflichen Entwicklung vollständig in diesen Sphären eingehen können. So sind die höchsten Seelenaspekte durchtränkt vom Göttlichen und gewissermaßen ein Teil davon, aber dennoch ist die Seele in ihrer Gesamtheit ein eigenständiges Wesen, welches sich in der Feinstofflichkeit entwickelt und einer Verschmelzung mit dem höchsten Geist der rein geistigen Ebenen entgegenstrebt. So sind in der Seele bereits hoch entwickelte Bewusstseinsformen enthalten, aber auch Teilaspekte, die sich noch auf die Tugenden ausrichten und entwickeln dürfen und mitunter noch einen großen Teil an energetischer Altlast mit sich tragen. Manchmal sieht man auch Verbindungen in die niederen feinstofflichen Ebenen, die unteren astralen Welten, aus denen sich die Vernetzungen noch abnabeln müssen.

Der Sitz der Seele kann im Bereich der Kausalebene gesehen werden. Dies ist die Sphäre nach der astralen und der mentalen Ebene. Astral und Mentalkörper einer inkarnierten Persönlichkeit verändern sich mit jeder Inkarnation, abhängig vom körperlichen Träger. Die Seele in der Kausalebene bleibt relativ stabil und verändert sich hauptsächlich dann, wenn Tugenden und Begabungen weiterentwickelt oder noch unausgerichtete Teilbereiche in die Liebe geschwungen wurden. Ist der Kausal- oder Seelenleib durchdrungen von höchsten Energien, sieht er wundervoll hell aus, in zarten Farben leuchtend. Es spiegeln sich goldene und silberne Aspekte darin, die eine tiefe Verbindung zu den höheren Ebenen anzeigen. Bei der Betrachtung der Farben in der materiellen Welt könnte man denken, die zarten Farben seien schwach. In der feinstofflichen Welt allerdings sind die zarten Farben die stärksten und kräftigsten. Sie haben nichts mit der Härte einer tosenden roten Wutfarbe in der astralen Aura zu tun, sondern wirken aus einer höheren Energie heraus kräftig und stark.

So ist die Seele eine Einheit und kann dennoch mit vielen Ebenen verbunden sein, die sich gegenseitig durchdringen. Im Laufe ihrer Höherentwicklung wird die Seele ihre Verbindungen in die körperlichen, emotionalen und mentalen Ebenen vollständig auflösen und sich immer weiter mit den höchsten Ebenen verbinden und in sie hineinentwickeln. Sie kann als Wesen zwar immer die so genannten tieferen Welten besuchen, wird aber danach zurückkehren in ihre eigentliche Heimat. Vielleicht wird sie eines Tages ihre Eigenständigkeit völlig aufgeben und in die Energie höchster Gotteskraft einfließen. Sicher wird das Bewusstsein dadurch nicht begrenzt, sondern im Gegenteil mit größtmöglicher Wahrnehmung verbunden.

Der Geist

Der Geist oder das Geistige stellt in den Ausführungen dieses Buches das allerhöchste Prinzip dar. Es wird als die vollkommene

Göttlichkeit bezeichnet, zu der hin sich letztendlich alles entwickelt und in die alle Seelen einmal einkehren möchten. Hier verschmelzen die Seelenindividualitäten aus freier Entscheidung mit dem einen Willen der vollkommenen Liebe. Alles strömt einem einzigen Ziel entgegen und folgt dem göttlichen Willen ohne Einschränkung.

Es existiert gewissermaßen kein Eigenwille mehr, sondern die individuelle Kraft ist dem Gotteswillen übergegeben worden, damit dieser einfließen und durch den individuellen Geist wirken kann. Manchmal wird angenommen, dass ein eigenwilliger Mensch Gott ferner stehe als ein sehr zarter, vielleicht schwach wirkender Mensch. Jedoch kann es auch genau umgekehrt sein, dass dieser Mensch die Kraft hat, einen starken Eigenwillen dem Schöpferstrom zu übergeben und auf das Höchste auszurichten, da der Eigenwille nach der Transformation die entsprechende Energiewelle darstellt, über die der Gotteswille dann wirken kann. Dies bedeutet natürlich nicht, dass ein schwach wirkender Mensch keine Kraft oder keinen Eigenwillen hat. Jedoch sind Menschen mit wenig wirkendem Eigenwillen gewisse Kraftströme noch vorenthalten, die sich aus der Bewegung des Eigenwillens ergeben. Durch das Erleben und Erkennen des Eigenwillens kann der Mensch den Unterschied erfahren und die Auswirkungen erleben, die das eine oder das andere bedingen. Genauso ist es auch mit der Aggression. Es ist oft genau diese Kraft, die die Seelen aus den Ebenen der Lethargie herausholt und ihnen das Losreißen aus den Energieströmen der »gefallenen« Welt ermöglicht. Somit ist auch die Aggression ein Teil der Arbeit auf dem Weg in die Göttlichkeit, sie ist nur noch nicht erkannt und transformiert.

Das Ausmaß und die Großartigkeit der göttlichen Vollkommenheit kann man nicht annähernd darstellen oder mit dem Verstand begreifen, daher sollte auch der höchste Geist nicht durch

Vorstellungen beschränkt werden, sondern offen bleiben, damit die göttlichen Energien ungehindert fließen können. Würde der Mensch diese Energien in Gedanken- oder Emotionalgebilde zu pressen versuchen, wäre dies bereits ein Geschehen aus dem Eigenwillen und würde den Strom des freien Gotteswillens einschränken.

Manchmal wird mit Körper-Seele-Geist die Einheit von Materie, Emotionen und Gedanken dargestellt. Das ist ebenso in Ordnung und sollte jedem Betrachter selbst überlassen bleiben, für die Wahrnehmung einer inkarnierten Persönlichkeit im Verständnis dieses Buches ist jedoch die vorangegangene Beschreibung als Grundlage anzusehen.

II.

DIE INKARNIERTE PERSÖNLICHKEIT

Die inkarnierte Persönlichkeit stellt einen Auszug aus der Seelenebene dar, welcher von der Seelenführung genau festgelegt wird. Würde die entwickelte Seele mit all ihren Energien in nur einen Körper einkehren, er würde zerschmelzen und die Verstandesgrenzen durch die ungeahnte Wucht gesprengt werden. So ist der Körper nicht in der Lage, eine ganze Seeleneinheit mit dem ihr innewohnenden göttlichen Bewusstsein zu beherbergen. Allerdings ist der Mensch in der Lage, über die Instrumente des Körpers mit der sich im Feinstofflichen befindenden Seele einen wunderbaren Kontakt herzustellen und kann so von dieser inspiriert werden. Es ist die vollkommene Verbindung zwischen Körper, Seele und Geist, die der Mensch auf seinem Erdenweg anstreben sollte und die ihm ungeahnte Möglichkeiten eröffnet. Allerdings ist dazu eine Reinigung der Aura und die Ausrichtung auf höhere Werte notwendig, da andernfalls die Verbindungen von Körper, Seele und Geist nur schwer hergestellt werden können.

So wird vor einer Einverleibung auf Erden genau eingeteilt, welche Aspekte der Seele in der inkarnierten Persönlichkeit verankert werden. Es wird genau festgelegt, welche Eltern, Geschwister und Freunde vorhanden sein werden und mit welchen zur selben Zeit inkarnierten Personen noch Ausgleich oder Loslösungen notwendig sind. Auch werden in groben Zügen die karmischen Verpflichtungen festgelegt. Die Persönlichkeit hat einen gewissen Spielraum, aber in Harmonie mit den Vorstellungen ihrer Seele sollte sie sich an die Vorgaben für das Erdenleben halten. So glauben manche inkarnierten Persönlichkeiten, dass sie auf der Erde über das alleinige Vorrecht und die Selbstbestimmung verfügen können, vergessen aber, dass sie tatsächlich nur einen bestimmten Teil einer Seeleneinheit darstellen und zu einer größeren Einheit gehören. Gerät solch eine eigenwillige Persönlichkeit zu stark auf Abwege, bemüht sich die sie führende Seele, Situationen im Leben zu schaffen, die das eigenwillige Vorgehen eindämmen und die Persönlichkeit wieder in die Demut führen wird, damit sie nicht auf die Verführungen des Eigenwillens hereinfällt, sich gegen ihre Erdenaufgaben stellt und somit ihre Verpflichtungen vergisst.

Es sollte jedoch im Gegenzug nicht angenommen werden, man könne im Laufe des Lebens sowieso machen, was man wolle, denn bestimmen könne man ohnehin nicht; stattdessen sollte man sich bewusst machen, dass eigentlich man selbst, also die Seele, in ihrer reinen und vollkommenen Form, in Harmonie mit den geistigen Gesetzmäßigkeiten, sehr wohl selbst bestimmt hat und genau weiß, welche Situationen notwendig sind und welche Aufgaben anstehen. Vertraut man deshalb auf die innere Führung und auf die intuitiven Impulse, so wird man mit Sicherheit richtig geführt und kann alle Situationen meistern.

Manchmal fällt es einer inkarnierten Persönlichkeit nicht leicht, die oftmals schwierigen und schmerzhaften karmischen Wege zu gehen, und sie neigt daher manchmal eigenwillig dazu, sich nicht mit der Situation abzufinden, weil sie einfach glaubt, es wäre ihr Recht, dass es ihr auf diesem Planeten einfach gut zu gehen habe. Jedoch ist dieser Planet nicht das wahre Reich Gottes, sondern ein Schulungsplanet, ein Ort, an dem der Mensch in außergewöhnlichem Maße mit noch lieblosen Kräften konfrontiert wird und erleben kann, wie sich eigene Teilbereiche seines Selbst ausleben können und dies auch oftmals tun. Er lernt ebenso zu erkennen, was aus bestimmten Situationen für Folgen entstehen. Wächst zum

Beispiel in einem Jugendlichen eine große Wut, die aus Neid geboren ist, weil ein Geschwisterteil sich etwas ergattert hat, was er selbst gern gehabt hätte, und schlägt er ihm deswegen ins Gesicht, so kann daraus die Erkenntnis folgen, dass er dem Bruder oder der Schwester großen Schmerz zufügt und ihre bislang liebevolle Verbindung zerstört. Plötzlich tut es ihm furchtbar leid und er erkennt, dass Neid niemals Gewalt rechtfertigt und man sich durch ein derartiges Vorgehen von noch ungeläuterten Gefühlen beherrschen lässt. Mit dieser wichtigen Erkenntnis kann der Bereich im Menschen, der diese Situation verursacht, tiefe Einsichten sammeln und sich auf die Liebe ausrichten, was ihm ohne diese Erfahrung vielleicht nicht möglich gewesen wäre. Nach einer tiefen Erfahrung und der daraus resultierenden Erkenntnis bleiben die meisten Seelenbereiche dauerhaft stabil und sind von Einflüsterungen niederer Energiefelder weitgehend verschont. Allerdings besteht eine inkarnierte Persönlichkeit aus vielen Teilbereichen oder Seelenaspekten, und manchmal müssen mehrere Erfahrungen gemacht werden, denn die Teilbereiche lernen schubweise und verändern sich meist nur schrittweise.

Die materielle Schöpfung kann auch als ein Gnadengeschenk an die Seelen gesehen werden, die aus der vollkommenen Liebe gefallen sind. Alle Erlebnisse dieser Wesen stellen eine Möglichkeit dar, ihr Abirren vom göttlichen Pfad zu erkennen und alles Gefallene zu erlösen. Alles, was geschieht, wird in einem großen Informationszentrum aufgespeichert und steht ab einer bestimmten Stärke allen Einheiten zur Verfügung. Das bedeutet, dass der Mensch mit jeder Inkarnation einen Teil dieses großen Ganzen zur Erkenntnis führt, bis eines Tages alles Gefallene wieder in die geistigen Ebenen zurückkehren kann.

Damit stellt die materielle Schöpfung die Durchgangsebene dar, über die so manche Einheit aus den niederen astralen Sphären durch ihre Inkarnationen auf diesem Planeten in die astralen und mentalen und dann weiter über die kausalen Ebenen bis zu den rein geistigen Ebenen fortschreiten kann.

Natürlich gibt es genügend Seelen, die diesen Erkenntnisweg in einem Körper freiwillig gehen oder zwischen ihren Inkarnationen auf anderen Planeten den Weg auf die Erde wählen. Stets ist jedoch die Mithilfe für die gesamte Schöpfung, neben den eigenen Aufgaben, ein wichtiges Ziel dieser Seeleneinheiten. Durch ihre Prozesse gewinnen sie Erkenntnisse, wie die noch lieblosen Einheiten des Planeten stets alle Seelen in Versuchung führen wollen und sie unter ihre Herrschaft zu bringen versuchen. Allmählich stärkt sich die Standhaftigkeit in der Liebe und das Bewusstsein wächst, dass die wahrhaftige Liebe und die wirkliche Kraftquelle nur in den höheren lichten Ebenen zu finden sind.

So ermöglicht die Arbeit an sich selbst und das bewusste Erkennen und Erleben der persönlichen Gefühlszustände und Handlungen in den Situationen, die sich im Leben zeigen, ungeahnte Zugänge zu den höheren Welten, und noch unausgerichtete Gedanken und Emotionen können wunderbar verändert werden.

III.

DIE TEILBEREICHE EINES MENSCHEN

Nichts, was in der für uns sichtbaren materiellen Schöpfung existiert, besteht für sich alleine. Jede menschliche und tierische Lebensform setzt sich aus vielen Zellen, Geweben- und Organeinheiten zusammen. Die Pflanzen sind aus einer Vielzahl von Zellstrukturen entstanden und haben sich allmählich entwickelt, ebenso wie jedes Element aus Einzeleinheiten gebildet wird und für sich ein geordnetes Ganzes darstellt, welches von einer für den Menschen noch unsichtbaren inneren Ordnungskraft zusammengehalten und beseelt wird. So besteht sowohl der Erdenplanet als auch das Weltall aus einer Vielzahl von zusammengesetzten Einzeleinheiten.

Auf gleiche Weise ist die Persönlichkeit eines Menschen zu betrachten, die sich in einem Körper auf dem Erdenweg befindet. Sie stellt ein geordnetes und wohl durchdachtes System dar, welches sowohl aus Seelenteilen besteht, die sich auf höchstem Entwicklungsniveau befinden, als auch aus Einheiten, die noch etwas zu lernen oder zu verarbeiten haben oder noch an lieblose Strukturen gebunden sind. Eine Persönlichkeit besteht aus unglaublich vielen einzelnen Teilbereichen einer Seele, welche vor der Inkarnation ausgewählt wurden, um genau in der vorgegebenen Richtung ihren Weg zu gehen.

Diese Teilbereiche gehören in ihrer noch lernenden Form ebenso zur Seele wie bereits hoch entwickelte Aspekte. Man kann sie als jüngste Familienmitglieder betrachten, die genau so viel wert sind wie die älteren, jedoch noch ein bisschen länger und vielleicht manchmal noch ein bisschen mehr zu lernen haben. Eine Seele wird so lange nicht in die rein geistigen Ebenen dauerhaft einkehren, solange nicht alle ihre Teilbereiche in dem Streben nach dem vollkommenen Sein ausgerichtet sind. Sind diese Teile noch negativ geprägt, werden sie vom Menschen selber oftmals verdrängt oder als schlecht bewertet und in die äußeren Aura-Schichten abdrängt. Doch nur eine Annahme und die bewusste Auseinandersetzung können eine Verarbeitung ermöglichen.

Manchmal geschieht es auch, dass sich durch Unfallschock oder durch große Scham Seeleneinheiten aus dem Bereich der Aura zurückziehen und sich entfernen. Ihre Rückholung und Wiedereingliederung kann sehr lange dauern und sich mitunter auch durch körperliche Krankheiten erkennbar machen.

Manchmal glaubt eine inkarnierte Persönlichkeit, ein schlechter Wesenszug oder bestimmte Gelüste befänden sich sicher nicht in ihr, obwohl sie diese doch schon gefühlt hat. Sie glaubt, sich darüber schon längst hinweg entwickelt zu haben und versucht, sie zu ignorieren, vergisst aber dabei, dass sie in einer früheren Inkarnation diese Programme vielleicht selbst geschaffen hat und es nun an der Zeit ist, diese Muster zu verändern und eine Neuorientierung einzuleiten. Auch Menschen, die sich zu diesen Arbeiten ganz offen stellen, vielfach so genannte Esoteriker, können hier mitunter eine spirituelle Überheblichkeit entwickeln und glauben, sie seien bereits vollkommen auf das Licht ausgerichtet und müssten sich nicht mehr weiter bemühen.

Es stellt aber die bleibende Aufgabe der Persönlichkeit dar, in Verantwortung für die Geistseele, solche alten Muster und unerlöste Teilbereiche zu ordnen und zu läutern.

Die Gesamtheit der wirkenden Teilbereiche stellt die Persönlichkeit dar, die auf das Umfeld einwirkt und energetisch von diesem registriert wird. Viele solche persönliche Teilbereiche sind dem Menschen durchaus bewusst, denn man kennt gewisse Neigungen und Sorgen sowie die eigenen Wünsche und Bestrebungen. Ein großer Teil der Wirkungsweisen sind jedoch unbewusst, da in unserer Gesellschaft das Augenmerk nicht auf den geistigen Weg und seine Aufgaben gerichtet ist. So können viele Teilbereiche in ihren Programmen wirken und ungute Situationen auslösen, ohne dass der Mensch versteht, was tatsächlich vor sich geht. Sehr zur Freude von manchen lieblosen Einheiten und Energiestrukturen, die auf der Erde wirken, sich über das unbewusste Ausleben erfreuen und sich von der daraus entstehenden emotionalen Energie ernähren.

Nur zu gerne werden die äußeren Umstände im Leben eines Menschen verantwortlich gemacht, die Kindheit, die Jugend oder gewisse schwere Jahre. Es werden im »Äußeren« Maßnahmen ergriffen, um die Situationen zu verändern. Dem Körper werden Substanzen eingegeben, die nur die jeweilige Auswirkung bekämpfen, aber niemals den wahren Kern und den wirklichen Hintergrund erreichen. Sobald aber deutlich wird, dass alles, was dem Menschen geschieht, seinen ganz bestimmten Grund aufweist und die Bereitschaft in ihm vorhanden ist, sich selbst zu erkennen und Eigenverantwortung zu übernehmen, können die jeweiligen Vorgehensweisen analysiert und bearbeitet werden. Der Mensch nimmt sich selbst und somit seine eigenen Wesenszüge wahr und ist bereit, an sich zu arbeiten.

Hierbei ist es wichtig, sich in diesem Moment nicht mit den wirkenden Teilbereichen zu identifizieren, sondern aus einer höheren Erkenntniswarte heraus mit diesen Bereichen umzugehen, genau so wie es ein Familienoberhaupt mit einem jüngeren Mitglied tun würde. Hier kann der Verstand eine sehr hilfreiche Stütze sein auf der Suche nach Erkenntnis der Wirkungsweisen und Gefühle, die noch lieblos und egoistisch ausgerichtet sind. Es ist insgesamt wichtig, den Verstand nicht zu vergessen oder ihn gar als rational zu verdrängen. Er ist ein wichtiger Bestandteil des menschlichen Wesens. Er sollte nicht die Kontrolle und Macht übernehmen, sondern in Harmonie mit den Wahrnehmungen des Herzens schwingen und auf das Göttliche gerichtet sein.

Wie man die wirkenden Teilbereiche erreichen und mit ihnen umgehen kann, wird im Laufe des Buches noch genauer erläutert werden.

So ist es absolut wichtig, sich selbst nicht als nur eine Wahrnehmungseinheit zu betrachten, mit einer Ausrichtung und mit ganz bestimmten Beweggründen, sondern immer ein zusammengesetztes Ganzes zu erkennen, welches sich noch auf dem Weg in die Vollkommenheit befindet. Die Liebe und die höheren Tugenden der bereits ausgerichteten Seelenaspekte sollten die Führung übernehmen, um mit den noch aufzulösenden Bereichen zu arbeiten. So kann der Mensch aufgrund seiner bislang verwirklichten Ideale sich auf die Suche nach noch unerkannten und unerlösten Teilbereichen begeben und sich selbst dadurch weiter entwickeln, um so immer freier zu werden und den Einfluss höherer Kräfte zu aktivieren und zu verstärken.

Dieser Prozess verstärkt die Liebe zur eigenen Seele, da aus dem Herzen heraus das eigene Karma angenommen und das Erlebte als Erkenntnis- und Lernweg akzeptiert wird. So zeigt eine Annahme von Teilbereichen, die noch nicht vollkommen auf die Liebe ausgerichtet sind, nicht Schwäche, sondern Größe und das Erkennen des wahren Hintergrundes.

So erlebte eine Frau in sich immer wieder den heftigsten Drang, alles zu sammeln, was sie nur in die Finger bekommen konnte, von Seifen und Kleidung über ungeheure Lebensmittelvorräte und Küchenbedarf. Sie sagte sich, dass man dies immer wieder gebrauchen und eventuell an die Kinder weitergeben könnte. Ihr Haus wurde immer voller, und auch der Leib dieser Frau immer korpulenter. Das Ganze entwickelte sich zu einer großen Belastung für die Familie und auch für die Frau, von der sie aber lange Zeit nichts wissen wollte, da ihr der Verstand plausible Erklärungen anbot, warum es unbedingt richtig sei, was sie tat. Es war aber aus der Angst heraus geboren, nicht mit den angestauten inneren Emotionen fertig zu werden. Erst als sie selbst kaum noch im Haus zurecht kam, man im Flur und in der Küche nicht mehr gehen konnte und es in ihrem Haus doch etwas anders aussah als in den anderen Häusern, gestattete sie sich, einmal darüber nachzudenken und erkannte zuerst mit dem Verstand und danach auf der Gefühlsebene, dass irgendetwas nicht in Ordnung sein konnte. Diese Frau hatte im Vorleben alles im Krieg verloren, das Haus war zerstört worden, die Familie musste frieren und hungern, und was die tiefste Kerbe in ihr Gefühlsfeld gerissen hatte, war die Tatsache, dass sie für ihre Kinder nicht sorgen konnte, weil sie nichts mehr besaß. Diese damalige Persönlichkeit hatte sich nun geschworen, wenn sie je wieder etwas besitzen sollte, würde sie alles sammeln und horten, was es nur zu sammeln gab, damit sie und ihre Kinder nie wieder in solch eine Situation geraten würden. In diesem Leben nun wirkten diese Verlustgefühle dauerhaft und immer intensiver, bis sie sich zu einem konzentrierten Energiefeld gebündelt hatten, das die schwelende Angst vor einem erneuten Verlust von Hab und Gut enthielt. Erst als sie diese Erkenntnis überhaupt zuließ und sich eingestand, dass etwas auf sie einwirkte, konnte sie bewusst an die Bearbeitung herantreten. In ihrem Inneren fühlte sie auch, dass mit Beginn des Lösungsprozesses erst einmal große Gefühlsbrocken auf sie einströmen würden, wahrscheinlich von sehr unangenehmer Natur, und davor wollte sie sich behüten. Aber ein Verdrängen kann nie eine Verarbeitung sein, da man dafür enorm viel Energie verbraucht, energetische Mauern aufbaut und sich in eine Art Scheinwelt flüchtet. Erst die Annahme der Situation und die Bereitschaft, unangenehme Gefühle zuzulassen und auch zuzugeben, vor allem vor sich selbst zuzugeben, dass etwas nicht in Ordnung war, leitete die Auflösung ein.

Nachdem sie nun den eigentlich gut gemeinten Hintergrund

ihrer Teilbereiche und der Wirkungsfelder, geprägt durch die damalige Situation, verstanden hatte, konnte sie aus ihrem jetzigen vertrauensvollen Bewusstsein heraus mit diesen Teilbereichen kommunizieren und ihnen Liebe zuströmen lassen, damit auch sie vertrauen lernen und loslassen konnten. Durch die Angst und damit durch die Abtrennung von der umsorgenden Schöpferenergie, versuchten die Teilbereiche immer wieder, ihre Energie aus der Befriedigung ihrer Bedürfnisse, beziehungsweise ihrer Programme zu holen, bis sie erkannten, dass sie von der Energie ihrer Seele durchtränkt wurden, wenn sie sich dieser nur hingaben. Dies erforderte eine intensive Arbeit für die Frau, da es die Not der damaligen Kinder berührte; aber mit der Zeit konnte sie immer mehr abgeben und die Teilbereiche vertrauten auf ihre Führung, die dieser Frau zudem kraftvoll mitteilte, dass sie solch eine Erfahrung nie mehr wieder erleben müsste.

Leider macht der Mensch sich normalerweise zu wenig bewusst, dass die abgedrängten Teilbereiche der Seele durchaus eine Eigenempfindung aufweisen und sehr darunter leiden können, von der Persönlichkeit nicht angenommen zu werden. Sie streben nach Annahme und manifestieren ihr Programm, aber die Persönlichkeit baut im Gegenzug noch energetische Mauern der Ablehnung auf, um ja nicht mit den wirkenden Feldern in Verbindung zu kommen. Hier hilft in den meisten Fällen nur ein schwerer Schicksalsschlag oder eine dramatische Situation, um die Persönlichkeit in die Demut zu führen, damit diese Teilbereiche eingegliedert und aufgelöst werden können.

Solch eine Situation ist manchmal unbedingt notwendig, denn es geht in einem Erdenleben nicht nur darum, dass es einer Persönlichkeit immer gut geht und sie das Leben genießen kann, sondern es dreht sich um die Aufarbeitungsprozesse der Seele und um das Aufwärtsstreben zu höheren Werten und Welten.

So erlebt man, wenn die Teilbereiche den notwendigen Bewusstseinszustand erreicht haben, bei einer liebevollen Annahme dieser bislang verdrängten Seelenaspekte, dass diese große Freude empfinden und eine tiefe Dankbarkeit fühlbar wird. Die Teilbereiche werden sich ihrer Programmierung bewusst und verändern manchmal in Sekundenbruchteilen ihre Struktur, passen sich der Aura und dem Energiefeld der jeweiligen Persönlichkeit an und stehen dieser als neue Kraftquelle wieder zur Verfügung.

Manchmal jedoch geraten die Teilbereiche zuerst in eine Art Existenzangst und versuchen dann krampfhaft, ihr Programm durchzudrücken. Dies ist aus ihrer Sicht heraus durchaus verständlich, denn sie haben bislang nichts anderes gelernt und versuchen nur, ihr Muster konsequent umzusetzen. Jedoch lässt diese Angst nach, sobald sie begreifen, dass sie liebevoll angenommen werden, und durch die Kraft der Persönlichkeit spüren sie die Wahrheit der neuen Ausrichtung. Mit der Erkenntnis, dass sie sich nicht auflösen müssen, sondern im Verbund der Seele mit neuen Energien aus höheren Quellen ein ruhigeres und erfüllteres Dasein erleben können, werden sie sich bald anpassen.

So wird sich der Mensch als eine Persönlichkeit mit vielen Facetten und Aspekten erleben, die zwar manchmal noch von wirkenden Energiefeldern und Gedankenformen eingeholt werden kann, sich aber unaufhaltsam auf ihrem Weg zurück in die vollkommene Liebe befindet.

IV.

GEDANKENKRÄFTE

Einer der wichtigsten Faktoren in der Erkenntnis der feinstofflichen Vorgänge ist das Wissen um die Wirkungsweisen von Gedankenkräften. Jegliches Geschehen ist das Resultat von geistigen Vorgängen auf gedanklicher und emotionaler Ebene. Der Mensch ist mit der Schaffung von Gedanken Schöpfer ganzer Welten - und nicht selten kann er auch Sklave seiner Schöpfung werden.

Mit jedem Gedanken entstehen in der Mentalebene Energiegebilde, welche in ihrer Form, Farbe und Dichte, dem Inhalt und der Struktur, seinen Absendern entsprechen. So sieht ein Gedanke, geschaffen in Liebe, zart und weich aus und schwingt mit in der Harmonie der ihn umgebenden Energien. Ein Gedanke, erfüllt mit Hass, sieht eckig, unförmig und abstoßend aus. Die Farbe ist dunkel bis schwarz, und bei geistiger Stärke ist der Rand starr wie Stahl. Solch ein Gebilde stört empfindlich den Energiefluss der jeweiligen Person und muss zu gegebener Zeit mühsam wieder abgebaut werden. Meist geschieht dies durch eine dem Menschen unangenehme Situation, damit die starre Außenschale dieses Gebildes durch die starke Emotion von Schmerz aufgebrochen werden kann.

Der Mensch sollte auf keinen Fall annehmen, dass das, was er denkt oder fühlt, keine Auswirkungen hat, da er ja niemandem körperlich geschadet hat. Jegliche Gedankenformen, vor allem wenn sie mit starken Emotionen gekoppelt sind, weisen das geistige Prinzip auf, sich immer auswirken zu wollen. Es ist der Sinn einer solchen Schöpfung, zur Auswirkung zu gelangen. Letztendlich ist jede Wirkung und alles Geschehen auf diesem Planeten zuerst von jemandem gedacht oder gefühlt worden. Erst danach drängt es zur Auswirkung auf der materiellen Ebene. Unsere derzeitige Umweltverschmutzung auf der Erde ist das Resultat einer geistigen Innenwelt-Verschmutzung, da die meisten Menschen eher lieblos und unachtsam ihren Alltag gestalten, anstatt ihn in Liebe zu den Schöpferkräften, zu sich selbst und ihren Mitmenschen zu leben.

Man kann sich als Einzelmensch diesem Gesamtgeschehen nicht entziehen, da wir alle miteinander verbunden sind und der eine den anderen in gewisser Weise bedingt. So erlebt der Mensch derzeit unangenehme Situationen, die er nicht allein verursacht hat, sondern denen er sich einfach nicht entziehen kann, da er zu dieser Zeit eine Erdeninkarnation gewählt hat. In jedem Fall kann er aber sein persönliches Gedankengut ausrichten und die Energien klären, damit er auch in der kommenden Zeit von den höheren Kräften so gut wie möglich erreicht werden kann. Je klarer ein Mensch in seiner Aura schwingt, je besser er diese gereinigt hat und je fester er sich somit an die Schöpferkräfte angekoppelt hat, umso mehr kann er von diesen inspiriert und behütet werden.

Bei der Entstehung eines Gedankens sieht man in der mentalen Aura sofort, wie sich die feinstofflichen Energien in den gedanklichen Ebenen zusammenziehen und somit die feine Materieform für den Gedanken bilden. Der Mensch prägt mit der Art seines Gedankens die Dichte, die Umrandung, die Farbe und die Form des Gedankengebildes.

Da kaum ein Gedanke ohne Emotion geschaffen wird, sieht man in der Entstehung durch die Farben und die sich entwickelnde Aura, welcher Natur die Gefühle sind und womit die Gedankenformen geprägt werden.

So sieht man deutlich bei einer sehr eifersüchtigen Frau den Moment, in dem sie registriert, dass eine Rivalin aus ihrer Sicht ihren Ehemann bedrängt. Sofort bildet sich eine meist mit Stacheln auf Angriff ausgerichtete Gedankenform, die eine harte Umrandung aufweist und in ihren Farben von schwarz für Hass und braun für Eigensucht, rot für Zorn und graugelb für gedankliche Eifersucht gefärbt sein kann. Es ist eine massive Aufwirbelung zu sehen, die zumeist im ersten Moment durch die Emotionen die ganze körpernahe astrale Aura einnebelt und durchglüht.

Dagegen erlebt man eine herrliche und erhebende Farbengestaltung, wenn ein Gedanke in Liebe und Freude für das Leben geschaffen wird, was schon bei der liebevollen Betrachtung von kleinen Tieren geschieht. Hier sieht man behütende, schwingenförmige Gebilde, die eine weiche Umrandung aufweisen, sehr licht und weich wirken und in ihren Farben pastell sind, meist mit silbernen oder goldenen Farbpartikeln geschmückt. Solche Gedankengebilde erheben die Aura eines Menschen und unterstützen den Fluss der Schöpferkräfte, wogegen vorgenannte Gedankeneinheiten eine Blockade verursachen und sich massiv gegen die Energiekreisläufe stellen. Es ist mehr als verständlich und entspricht den geistigen Gesetzmäßigkeiten, dass das Leben selbst solche Behinderungen wieder abschaffen und bereinigen möchte. Entsteht eine unangenehme Gedankeneinheit eher selten und wird sie in der gleichen Form nicht ständig nachgebildet und erneuert, kann sie bald wieder mit dem notwendigen Einsatz aufgelöst werden. Bestehen solche Einheiten dagegen länger und sind sie vielleicht mit abgespaltenen Seeleneinheiten selbstständig geworden, zeigt sich ein weitaus schwerwiegenderes Problem, da die Einheit nun zur Eigenerhaltung strebt und den Menschen wiederum bedrängt, um von ihm in seinem Programm genährt zu werden. Nicht selten laufen solche Prozesse unbewusst ab und wiederholen sich immer wieder, bevor ein schmerzlicher Moment den Menschen aufhorchen lässt und die Situation dadurch erkannt werden kann.

So entsteht vielleicht in der Aura einer Frau, die gerade gesehen hat, dass eine Blumendekoration in ihrer Küche zu reparieren ist, eine kleine Gedankeneinheit mit dem Inhalt und der Information, dass dieses Vorhaben erledigt werden muss. Dieses Gebilde ist fast emotions-, also farblos, weist keinen harten Rand und noch keine starke Dichte auf. Die optische Wahrnehmung wirkt noch schwach ausgeprägt und hat kaum Ausstrahlung. Beim erneuten Betrachten der Dekoration wird der Gedanke nochmals gedacht, und schon lässt sich ein stabileres Gebilde erkennen. Je öfters nun das Vorhaben gedanklich aufgegriffen wird, umso stärker wird das Gebilde. Zumeist kommen noch mehr Gefühle dazu, gerne auch in Form von Unwillen, da man nicht besonders viel Lust dazu hat, etwas zu reparieren und dabei Zeit zu verlieren. Wird diese Arbeit nicht erledigt, nimmt sie jedes Mal, nachdem sie gedacht und gefühlt wird, an Stärke zu, und ab einem bestimmten Grad übernimmt die Gedankenform das Feld dahingehend, dass sie von sich aus die Frau erinnert, dass sie hier etwas zu erledigen hat. So versuchen die Gebilde, sich zu erhalten und über die Emotionen wiederum Energie zu erlangen, um sich nicht auflösen zu müssen. Die Gedankenform wird bei jedem Vorbeigehen der Frau versuchen, von dieser wahrgenommen, gedacht und gefühlt zu werden.

Dieses Beispiel ist ein harmloses Energiefeld und wird sich, nachdem die Angelegenheit erledigt ist, schnell wieder auflösen, wogegen es Einheiten gibt, bei denen dies weitaus schwieriger wird.

So können bei Gedankenformen, die sich aus den intensiven Emotionen von Hass und Missgunst gebildet haben, Teilbereiche der sie schaffenden Seele abgespalten werden und in die geschaffene Form übergehen. Sogleich wird die Einheit ab einer gewissen Stärke selbstständig, und der Schöpfer dieser Form verliert mit der Zeit die Kontrolle und gerät in die Herrschaft seiner eigenen Gedankenfelder.

Das größte Problem mit den selbstständigen Einheiten ist die meist unbewusst wirkende Vorgehensweise. Auch mitgebrachte

Einheiten aus früheren Inkarnationen können massiv auf den Menschen einwirken und ihn immer wieder in Situationen treiben, die er aus seinem jetzigen Entwicklungsniveau niemals anstreben würde. Die alte Einheit dagegen ist nur darauf aus, ungute Situationen zu schaffen, um genährt und erhalten zu werden.

Ernährt sich eine Gedankenform zum Beispiel von Selbstmitleid, wird sie immer wieder versuchen, dem Menschen das Gefühl zu geben, dass er benachteiligt wird, ungeliebt ist und alleine durch das Leben gehen muss. Sie erreicht sogar sehr oft beim Mitmenschen, dass solch ein Verhalten gezeigt wird, welches es der Einheit ermöglicht, dem Menschen vorzumachen, dass er sich selbst bemitleiden muss. Hierbei ernährt der Träger und Schöpfer die Einheit selbst.

Selbst wenn eine Gedankenform noch so tief verborgen sein mag, wenn es an der Zeit ist und die Seele entschieden hat, dass sie aufgelöst werden soll, kann nichts diese Auflösung verhindern. Wenn der Mensch zudem bereit ist, auf die Hinweise seiner Seele zu hören und seine Gedanken und Emotionen stets beobachtet, hat er die besten Voraussetzungen, um schnell und mit möglichst wenig Schmerz und Ärger die Altlasten zu verarbeiten. Das ist natürlich nicht immer einfach und es schmerzt mitunter beträchtlich, aber man darf versichert sein, dass der Mensch immer nur so viel Altlast zugeführt bekommt, wie er auch verarbeiten kann. Der Mensch wird nicht überfordert, auch wenn sich manchmal derartige Gefühle einstellen, da im Menschen Abwehrenergien wirken und somit die Verarbeitung für ihn gefühlsmäßig erschwert wird. Aber auch hier stehen alle Möglichkeiten offen, die Energien wieder in die richtige Bahn zu lenken, wenn man auf die Hinweise, die man im Leben erhält, eingeht und die Situationen als Lernwege angenommen werden.

Ein nicht zu unterschätzender Faktor ist auch das stete Wiederholen von bestimmten Worten. Sagt zum Beispiel jemand immer wieder: »Das halte ich im Kopf nicht aus!« oder »Das ist ja zum Haare ausreißen!«, dann kann es sehr leicht geschehen, dass bei einer bestimmten Stärke des Gedankengebildes der betreffende Mensch tatsächlich Kopfschmerzen bekommt, wenn er etwas zu verarbeiten hat, oder tatsächlich die Haare in Stresssituationen ausfallen. Auch durch den Ausspruch: »Frauen (oder Männer) sind doch nicht zum aushalten!«, kann ein Abwehrgebilde geschaffen werden, welches es einem Menschen vielleicht einmal schwer macht, einen neuen Partner zu finden.

Nun könnte durchaus Stress entstehen bei der Vorstellung, dass man seine Konzentration und Arbeit so intensiv auf sein Gedanken- und Gefühlsleben ausrichten sollte; aber jede durchlaufene und verarbeitete Situation macht deutlich, wie wichtig und befreiend die Arbeit an der Klärung seines Energiefeldes wirken kann. Es kann somit als Geschenk betrachtet werden, an die in der Gegenwart wirkenden Situationen heranzukommen und zu erkennen, was einem gerade von den höheren Kräften beschert wird, um daran zu arbeiten.

Die Arbeit am Menschen selbst soll mit Sicherheit keinen Stress verursachen, noch sollen durch Druck wieder neue Emotionsfelder aufgebaut werden; dennoch ist die Klärung und Verarbeitung durchaus mit Energieaufwand verbunden, und es würde sich mit Sicherheit oberflächlicher und lockerer leben lassen, eine Weile zumindest, wenn die vorhandenen Muster einfach verdrängt oder gar ignoriert würden. Aber mit Sicherheit käme es irgendwann zu einem Erwachen, spätestens dann, wenn der Mensch die Erdenebene verlassen hat und sieht, was er versäumt hat und wie viele unverarbeitete Situationen immer noch an ihm hängen. Eine Verdrängung ist in den jenseitigen geistigen Ebenen nicht mehr möglich, und alle Emotionen und Gedankengebilde werden als real erlebt und gefühlt. Dies können mitunter große gefühlsmäßige Lasten sein, und die Bindung an die Erdenebene und an Wesenheiten, die ebenfalls mit diesen Problemen befasst sind, ist immerfort zu fühlen.

So zeigt sich die Arbeit an sich selbst nicht nur für die Klärung des Geistes im Alter und zur Reinigung der Aura als bedeutsam, sondern auch als aktive Arbeit an der Seelenreinigung, die vor allem in den feinstofflichen Welten in voller Klarheit zum Ausdruck kommt. Jegliche Emotionen werden in den jenseitigen Ebenen real erlebt und gefühlt. Hier kann nichts mehr verdrängt werden, und man kann nicht mehr versuchen, sich mit Alltäglichkeiten abzulenken.

Es ist ein erhebendes Gefühl, beim Ablegen des irdischen Kleides nicht mehr an dicken Seilen gebunden zu sein oder immer wieder gewisse Vorgehensweisen oder Situationen erleben zu müssen, sondern frei und ungebunden mit allen Schwester- und Brüderseelen mitschwingen und die festeren feinstofflichen Ebenen verlassen zu können.

V.

EMOTIONEN

Zwischen Emotionen und Gefühlen wird in diesem Buch ein deutlicher Unterschied gemacht. Als Emotionen sollen stets Empfindungsbereiche angesprochen werden, die noch zur Verarbeitung anstehen oder auf die höheren Tugenden ausgerichtet werden sollen. Als Gefühle werden die reinen Empfindungen von Seelen angesprochen, die mit Qualitäten wie Nächstenliebe, Demut, Verantwortung oder Liebe verbunden sind.

Diese Gefühle schwingen bereits im Einklang mit den Schöpferkräften und behindern in keiner Weise den Energiefluss eines Wesens, sondern unterstützen vielmehr auch das Umfeld durch ihre Schwingungen.

In der Aura sind Formen, die mit diesen Idealen geprägt sind, sehr schön anzusehen. Sie erstrahlen in hellen Pastellfarben und können mit goldenen und silbernen Nuancen gewoben sein. In ihrer Art sind sie stark und ansprechend und vermitteln bei einer Berührung ein Gefühl der Geborgenheit und Ruhe. Solche reinen Gefühle und Tugenden sind nicht nur in der emotionalen, also astralen Aura zu sehen, sondern sie durchdringen und bedingen ebenso die höheren Körper.

Da die meisten Emotionen mit Gedankenformen verbunden sind, herrscht zwischen der Mentalwelt und der astralen Ebene ein reger Austausch. Manchmal sind dichte Verkettungen und Verknüpfungen zu sehen, die es immer wieder aufzulösen gilt.

Der Körper muss hier mitunter große Dienste leisten, und wenn das Wunderwerk Körper nicht in der Lage wäre, starke Emotionen über Tränen, Schweiß, Verdauung und Krankheit abzubauen, wäre der Mensch in seinem zumeist großen Gewirr von Emotionen und Gedanken vermutlich nicht lebensfähig.

Je mehr Energiefelder durchdrungen sind, um so aufwendiger wird es bei der Aufarbeitung, die Formen und Felder zu erreichen und auszugleichen. So kann es manchmal nach einer bestimmten Verarbeitungssituation noch jahrelang möglich sein, dass der bestimmte Bereich immer wieder aufgeworfen wird, da eine Verdrängung in tiefe Schichten vorhanden war und diese nun endgültig aufgeräumt werden sollte.

Emotionen beschränken sich in ihrer feinstofflichen Lage zumeist auf die Astralebene, bewegen sich also innerhalb des Astralkörpers und der Astralaura. Selten erreichen sie die nächstfeineren Ebenen, die Mental- und Kausalebene. Die höheren Gefühle hingegen werden in die feineren Ebenen mitgenommen und dort als Wesenszüge der Seele erkannt und als sichtbares Entwicklungsniveau registriert. So stellen sich in der Kausalwelt nicht mehr die gleichen Aufgaben und dieselben zu lösenden Ansammlungen von Gedanken und Emotionen, sondern man sieht den wahren Kern einer Seele, die so lange inkarnieren wird und möchte, bis die unteren Ebenen gereinigt sind und keine Bindungen und Altlasten an diese Regionen mehr zu sehen und zu fühlen sind. Dann wird sie auch die Ebene der Kausalwelt verlassen, die Stufe zum Geistreich überwinden und in die rein geistigen Ebenen übergehen.

Bei der Freisetzung von Emotionen darf sich der Mensch bewusst sein, dass er Schöpferkraft nutzt, die ihm in unendlichem Maße zur Verfügung steht. Nutzt er diese Kraft im liebevollen Sinne, kann ihm daraus großes Glück erwachsen; gebraucht er diese Möglichkeit zur Schöpfung unguter und liebloser Emotionen, wird er später zur Rückführung dieser Energien herangezogen. Nun nützt es nichts zu sagen: »Ja, ich schöpfe nur noch schöne Gefühle, alles ist gut, alles ist hell!« Der Mensch sollte sich bewusst machen, dass er immer Teilbereiche seiner Seele in sich tragen kann, die noch dazu neigen, diese Schöpferkraft gegengesetzlich zu nutzen und lieblose Emotionen zu produzieren, da sie in sich Ausrichtungen wie Neid, Hass oder Missgunst tragen. Es ist wichtig, sich auch zu solchen Teilbereichen zu bekennen, da der Mensch ansonsten nicht in der Lage ist, diese energetisch anzunehmen, zu erreichen und ihnen eine neue Ausrichtung zu geben. Würden die Emotionen dieser Seelenbereiche nur überdeckt und mit einem weißen Energiemantel umhüllt, wäre dies nur eine kurze Verhüllung, da die Bereiche dazu angeleitet sind, sich zu zeigen und ihr Programm zu verwirklichen. Wenn etwa in einem Menschen immer wieder ein starker Drang nach Alkohol vorhanden ist und dieser Drang nicht als Hinweis betrachtet wird, dass sich noch ein Teilbereich in ihm in Not und in solch einer Ausrichtung befindet, kann der Bereich nicht gelöst werden und muss nach dem Ableben wieder mit in die feinstofflichen Welten mitgenommen werden. Gleiches gilt für den energetischen Mantel, der darüber gelegt worden ist, wenn ein inneres Muster nur überdeckt und übermalt wird, anstatt verarbeitet und aufgelöst zu werden. Es ist wichtig zu erkennen, dass solch eine Verdrängung eigener Muster für den Menschen einen großen Energieverlust darstellt. Immer wieder muss die Verdrängungs- und Verdeckungsenergie erneuert werden, da sich das alte Muster, entsprechend der geistigen Gesetzmäßigkeit, immer wieder zeigen möchte und muss. So kann sich der Mensch eine Scheinwelt und eine Lüge aufbauen, anstatt sich liebevoll des noch unausgerichteten Zöglings anzunehmen. Nicht selten wird solchen Teilbereichen durch das verachtende Verdrängen großes Leid zugefügt.

Ein ganz wichtiger Aspekt ist das freie Wirken und Schwingen einer Persönlichkeit, welches entscheidend gestört wird, wenn die

Wahrheit nicht fließt, sondern mit Verdeckungsmechanismen Blockaden geschaffen werden. Hier steht die Persönlichkeit nicht zu ihrem Inneren und versteckt sich letztendlich selbst, anstatt frei zu sein, egal was sie in sich trägt. »Die Wahrheit macht dich frei« ist eine absolute Realität. Oft wird auch durch das Umfeld ständig das Programm gestärkt, man müsse immer gut dastehen, es müsse einem immer nur gut gehen und man müsse immer der Beste sein. Geht es einem einmal nicht gut oder widerfährt einem so genanntes »Böses«, wird man bestraft, war also nicht gut. Und wer möchte das schon sein? Dies führt zu einer starken Stresssituation und der Verurteilung von Menschen, besonders durch solche, die es meist selber am nötigsten hätten. Dies alles bringt noch zusätzlich die Last der »schönen Scheinwelt«, welche ebenso erhalten werden muss und ab einer gewissen Stärke selbst ihr Programm verwirklichen möchte.

Man muss seinem Umfeld sicher nichts von seinen gegenwärtigen Prozessen mitteilen; aber man sollte zu sich selbst stehen, frei, mit erhobenem Haupt und im tiefen Wissen, dass jeder, der einem gegenüber steht, sein eigenes Paket zu tragen hat. Es ist im Gegenteil so, dass ein Mensch, der beginnt, sich selbst zu erkennen, seiner Umwelt ebenso Fehler und Fehlverhalten zugesteht, da er weiß, wie schnell manche Untugenden den Menschen einfangen und sich über ihn ausleben können. Es birgt eine große Befreiung von innerem Druck, wenn man aufhört, einer Scheinwelt zu dienen, sondern endlich und uneingeschränkt zu den Dingen steht, die vorhanden sind.

Wenn zum Beispiel der Nachbar mit knallroter Hose und Schlapphut spazieren geht, fällt er sehr schnell aus den vorgegebenen Normen, in die »man« sich einzufügen hat, und es wird schnell deutlich, dass er anders ist und vielleicht einen »Knall« hat. Man wird von ihm nie wieder erwarten, dass regelmäßig die Fenster geputzt sind oder auch sonst alles so läuft, wie man sich das von einem »normalen« Mitbürger erwartet. Er ist somit sofort aus diesem Stress-Programm entlassen, es allen Recht machen oder gar eine Vorzeige-Rolle übernehmen zu müssen. Er ist frei, da er sich nicht mehr zwingen muss, irgendetwas tun zu müssen, was er nicht will, nur weil es das Umfeld eventuell von ihm erwartet, denn er ist ja sowieso »ver-rückt«. Das ist ein herrlich freies Gefühl, da der Druck, der von den kollektiven Feldern auf jeden Menschen ausgeübt werden möchte, enorm ist. Dieser sollte auf keinen Fall unterschätzt oder missachtet werden. Das bedeutet natürlich nicht, dass man zuerst in der Außenwelt verrückte Dinge tun muss, um frei zu sein. Das Wichtigste ist stets die Einstellung, mit der man sein Leben führen möchte und das Bewusstsein, welche Einwirkungen sich ausdrücken möchten und den Menschen in die vorgegebenen Bahnen zwängen wollen.

Wenn ein Mensch ganz offen und frei zu seinen inneren Prozessen und seinen noch unausgerichteten Teilbereichen steht, wird er keinen Stress empfinden, wenn er einem Menschen begegnet, der hellsichtig oder hellfühlend ist und ihn bis auf seine Grundmauern erkennen kann, sondern er wird sich frei ihm gegenüber bewegen können. Er hat ja nichts zu verstecken oder zu verbergen, da er fühlt, dass er dadurch nicht weniger wertvoll und liebenswert ist, sondern im Gegenteil vielleicht intensiver akzeptiert wird, weil er solch ein Bewusstsein bereits erreicht hat. Vieles auf der Welt ist Lug und Trug, und deshalb ist es etwas Wunderbares, mit Menschen zusammen zu sein, die sich innerlich nicht vor dem anderen verstecken wollen und dazu keine harten Energiemauern aufbauen müssen, sondern weich und durchgängig sein können.

Eine Ausblendung von Bereichen, die der Mensch nicht annehmen möchte, geschieht zum Beispiel dann, wenn immer nur positiv gedacht und sich eingeredet wird, wie schön und liebevoll alles ist, wenngleich es im Untergrund brodelt. Dies ist ein glatter Selbstbetrug, der in sich nur Energie verbraucht, da die Lüge aufrechterhalten werden möchte und so eine wahre Reinigung nicht erlaubt. Verlässt man beim leiblichen Tod die Körperhülle, müssen solche Einheiten mühsam und langsam abgebaut werden.

Solch wunderbare Verarbeitungs- und Erkenntnismöglichkeiten, wie sie uns ein Erdenleben bietet, findet man nicht in den feinstofflichen Welten, und eine Auflösung kann mitunter sehr lange dauern. In dieser Zeit werden alle Gefühle äußerst intensiv wahrgenommen und können für eine Seele Höllenqualen darstellen.

Es ist mitunter sehr schwierig, innerhalb eines Erdenlebens die Berge von Emotionen und Gedanken zu bewältigen, aber es darf als eine wirkliche Gnade angesehen werden, in der gegenwärtigen Zeit alte Muster abzulegen, Blockaden zu lösen und noch lieblosen Bereichen eine neue Ausrichtung zu geben. Immer wird der Mensch behütet und geführt von der geistigen Welt, und mit dem notwendigen Vertrauen in die geistige Führung können solche Prozesse beschleunigt werden. Es wird dem Menschen immer nur so viel aufzulösendes Karma zugeführt, wie er in der Lage ist zu meistern. Es wacht eine höhere Intelligenz darüber, die genau weiß, wann die Seele für bestimmte Aufgaben bereit ist. So mag sich manchmal die inkarnierte Persönlichkeit dagegen wehren und denken: »Das mag geschehen wem will, aber doch nicht mir!« Dennoch ist es das Ziel seiner eigenen Seele, und je besser sich die Persönlichkeit damit abfindet und den Weg beschreitet, umso unkomplizierter und reibungsloser finden die Lösungsprozesse statt.

Je bewusster und aktiver sich der Mensch an die ihm von seiner Seele übertragenen Aufgaben herantastet und mit ihnen umgeht, umso klarer und freier wird er sein Energiefeld gestalten, alte Verdichtungen lösen und somit den Weg ebnen für ein waches Bewusstsein, einen klaren Geist im Alter und eine freie Erkenntnis mit viel geistigem Fortschritt und der Öffnung für das Umfeld.

VI.

DIE AURA DES MENSCHEN

Man spricht zwar von der Aura als einer Einheit, sie ist jedoch ein komplexes System verschiedener Energiestrukturen, die in jeweils sieben Ebenen mit den dazugehörenden sieben Schichten unterteilt sind und sich gegenseitig durchdringen.

In der Aura sind alle Strukturen und Muster einer Persönlichkeit enthalten, und je nach Reife und Seelenzustand schwingen die verschiedenen Ebenen miteinander. Hier werden Charakterzüge verzeichnet, das Karma aus früheren Leben abgelagert und auch Gedankengebilde und emotionale Felder, die im Laufe des Erdenlebens zur Verarbeitung anstehen oder als Erkenntniswege durchlaufen werden sollen, sind hier erkennbar.

Die sichtbaren Bereiche einer Aura, in der sich alle diese Prozesse abspielen, sind so komplex, dass sie einen Umfang erreichen, den man in seinem gesamten Ausmaß nur mit viel Aufwand erfassen kann. So viele Erinnerungen, Gefühle, Geschehnisse, karmische Verwicklungen und Entwicklungsschritte sind darin enthalten, dass eine Beschreibung aller Ebenen sehr aufwendig wäre. Die Vielfalt der Energiemuster ist nahezu unbeschreiblich, doch bei der Betrachtung einer Aura ist bereits eine klare Erkenntnis der vordergründigen Bereiche sehr wertvoll. In Harmonie mit den Engeln und lichten Kräften eines Menschen lässt sich ein Bild gewinnen, das die gegenwärtige Verarbeitungssituation am besten übermittelt. Da karmische Altlasten, wenn sie aufgearbeitet werden, fast alle Aura-Schichten durchdringen und bis in die körpernahen Ebenen oder sogar direkt in den Körper hineinragen, fallen solche

Muster als erstes auf, da sie ihre Verdichtungen deutlich zeigen. Die gesamte Aura ist in ständiger Bewegung und wird von unglaublich vielen Energiemustern in allen Schichten durchdrungen. Jeder Gedanke besitzt eine Form, und jedes Gefühl verursacht Farben und Bewegungen, und wie viele Gefühle und Gedanken es gibt, kann man sich leicht vorstellen.

Man kann dennoch in der Dichte, Farbe, Größe und Umrandung einer Aura deutliche Schlüsse auf den Seelenzustand einer Persönlichkeit ableiten. Jedoch sollte nie vergessen werden, dass sich alles in einer Wandlung befindet und hinter einer dichten Mauer aus festgefahrener Energie sich manchmal viel Liebe und Licht zeigt mit einer starken Anbindung an die höchsten Schöpferkräfte.

Die Äther-Aura

Diese erste feinstoffliche Aura ist für das menschliche Auge bereits nicht mehr sichtbar, wird aber zu den sieben Körperebenen gerechnet, die sich von der kristallinen Form über den flüssigen bis zum gasförmigen Zustand erstreckt. Die Ätheraura überstrahlt den menschlichen Körper um drei bis fünf Zentimeter und zeigt sich in einem gesunden Zustand mit einem vom Körper senkrecht abstrahlenden Energiefeld. Sie wirkt leicht bläulich und geht manchmal in zartes Violett über. Diese Aura wird auch als Gesundheitsaura bezeichnet, da an ihrem Zustand sehr gut die Energieversorgung des Körpers erkannt werden kann und bei einer leiblichen Krankheit die ansonsten springbrunnenförmig, senkrecht vom Körper abstrahlenden Energieeinheiten flach und verwoben dicht am Körper anliegen und sehr dunkel eingefärbt sein können. Der Ätherkörper kann als ein wundervoll geordnetes Netz von Energielinien gesehen werden, welches sehr eng mit dem Körper verflochten ist und diesen energetisch versorgt.

Die Astral-Aura

Die Astral-Aura strahlt mit einem Unfang von einem bis anderthalb Meter über den Astralkörper hinaus und kann als die Aura und die Ebene der Emotionen betrachtet werden. Der Astralkörper weist dieselbe Größe und Aussehen wie der materielle Körper auf und kann sich von diesem bei den so genannten Astralreisen vom physischen Körper trennen.

Dies geschieht im Normalfall in jeder Nacht im Schlaf. Der Mensch bewegt sich in seinem Astralkörper in dieser Zeit in den astralen Ebenen und kann hier zum einen lernen, sich zu harmonisieren, er kann aber auch selbst eingesetzt werden, um anderen zu helfen oder in bestimmten Ebenen zur Reinigung mitzuwirken. Stets werden diese Austritte im Schlaf von liebevollen Helfern geführt und behütet, und es entsteht keine Fremdbesetzung, wenn eine Grauzone, in der sich vielleicht umherirrende Seelen befinden, durchschritten werden muss. Wird zuviel Alkohol getrunken oder hat sich der Mensch in große, dunkle Gedanken- und Emotionsmauern eingesperrt, kann er des nachts nur einige Meter den Körper verlassen und vermag sich somit weder zu regenerieren noch kann er entsprechend von der geistigen Welt geführt oder belehrt werden.

Wird eine Astralreise bewusst und ohne die Unterstützung der feinstofflichen Führung herbeigeführt, können mitunter intensive Fremdeinflüsse sich bemerkbar machen; und nicht selten heften sich Wesen an den Menschen, die er vielleicht in dieser Inkarnation nicht mehr losbekommt. Auch Anbindungen an lieblose Ebenen können auftreten, und man ist dann ständig damit beschäftigt, von dort Energie abzubauen. Möglicherweise wird dem Menschen aus diesen Ebenen auch stetig Energie abgezogen, um irgendwelche Wesen zu ernähren. Deshalb ist hier größte Vorsicht geboten oder die bewussten Astralaustritte ohne Führung sollten am besten unterlassen werden.

In der Aura des Astralkörpers sind alle Emotionen enthalten, mit denen die Persönlichkeit in dieser Inkarnation umzugehen hat. Die Astral-Aura ist in sieben Ebenen unterteilt. Die dichteste Ebene liegt dem materiellen Körper am nächsten. Wird ein Mensch kurzfristig von bestimmten Emotionen überwältigt, etwa bei einem Wutanfall, sieht man zuallererst hier die Auswirkungen über die Farbintensität und die Konzentration der Astralenergie. Auf der nächsten Astralebene ist die Aura bereits ein klein wenig feiner, was sich bis in die siebte Ebene fortsetzt.

Fast alle Blockaden und Energiekonzentrationen in der Astral-Aura sind mit Gedankengebilden in der Mental- also Gedankenebene verbunden. Je nach Stärke und Ausrichtung sieht man deutlich den Inhalt, den geistigen Hintergrund und das Bestreben der jeweiligen Gebilde.

Die größte Arbeit während des geistigen Fortschrittes hat der Mensch mit der Astral-Aura zu bewältigen. In ihr sind die problematischsten Muster verankert, und die Beeinflussungen auf die Persönlichkeit wirken meist, in Verbindung mit den Gedanken, aus dieser Aura-Schicht heraus. Stets werden auch gleichgeartete Emotionsfelder oder negative Ausrichtungen in dieser Aura von bestimmten Wesen auf dem Planeten benutzt, um Menschen zu beeinflussen und zur Durchführung ihrer Einflüsterungen zu motivieren.

So ist eine genaue Beobachtung und vorurteilsfreie Erkenntnis der persönlichen Emotionen von höchster Wichtigkeit, um sowohl an die eigenen Prägungen als auch an die eigenen Möglichkeiten heranzukommen. Sobald für den Menschen wieder eine Erkenntnis und somit die Möglichkeit für ein Weiterkommen und die Lösung einer Altlast ansteht, ist die Persönlichkeit in der Lage, über die Wahrnehmung der Emotionen den Inhalt und das Muster der jeweiligen Situation zu erkennen. Dies erfordert ein gutes Zuhören und Einfühlen, jedoch stehen hier stets alle Türen offen. Immer wird jedoch von der geistigen Führung über die Gefühle der Weg gewiesen, den der Mensch gehen kann, um innerhalb seiner Situation weiterzukommen.

Dieses Wissen um den Beistand und die geistige Führung schenkt ein wunderbares Gefühl der Geborgenheit; und bei all den Wirren, welche bestimmte Lebenssituationen hervorrufen können, tut es stets gut, sich dies immer wieder ins Bewusstsein zu rufen.

Die Mental-Aura

Die Mental-Aura kann den materiellen Körper um bis zu drei Metern überragen. Der Mentalkörper gleicht, wie der Astralkörper, in Größe und Aussehen dem materiellen Körper. Auch die Mental-Aura ist in sieben Ebenen unterteilt und kann als die Ebene der Gedanken angesehen werden.

In dieser Aura sind die existierenden Gedankenformen enthalten, die von der Persönlichkeit geschaffen oder von ihr in die Inkarnation mitgebracht wurden. Fast immer sieht man die Verbindungen von den Gedankengebilden zu den Emotionsmustern in der Astral-Aura.

Die Aura-Ebene, welche die größte Verdichtung aufweist, befindet sich dem Astralkörper am nächsten und setzt sich dann fort, indem die Ebenen immer feiner werden.

So kann man in der Mental-Aura die Gedankengebilde in ihrer realen Form wahrnehmen, durch die sie uns meist schon beim ersten Blick ihren Inhalt offenbaren. So sieht eine liebevolle Einheit hell und strahlend aus und wird gefühlsmäßig sogleich als weich erkannt. Gebilde hingegen, die aus Zorn, Missgunst oder

Streit erzeugt worden sind, sehen unförmig, zum Teil gefährlich und meist kantig oder eckig aus. An ihren Rändern kann man erkennen, mit welcher Härte und Intensität die Gedankenformen gebildet wurden. Eisenhart wirken sie bei starkem Eigenwillen und Zorn, weich und zart dagegen bei einer Hinwendung zu geistigen Werten. So könnte man meinen, dass die Stärke einer Gedankenform aus dem Willen heraus produziert wird, jedoch ist diese Stärke vergänglich, wohingegen die weichen Formen tatsächliche und wahrhafte Standfestigkeit und Stärke aufweisen.

An den Farben kann man, ebenso wie bei einem Emotionsfeld in der Astralebene, die Prägung einer Gedankenform erkennen. Sie lässt sehr schnell auf den Hintergrund einer Gedankenstruktur schließen und kann sich natürlich nach einer Veränderung von bislang lieblosem Inhalt in eine helle und lichte Farbe wandeln, wenn der jeweilige Teilbereich sein Muster erkennt und auflöst. Sind alle Aspekte der Emotionswelt verarbeitet, werden die jeweils bestehenden Gedankenstrukturen in der Mental-Aura erhöht und durchlichtet. Dann sieht man eine wundervoll pastellfarbene Aura, mit goldenen und silbernen Farbstrukturen darin.

Die Kausal-Aura

Diese Aura kann bei einem sehr weit entwickelten Wesen bis zu zehn Meter über den materiellen Körper hinausreichen und umfasst ebenso sieben Ebenen. Jedoch sind diese Ebenen in ihrer Betrachtung so fein, dass die Übergänge eher fließend erscheinen. Der Kausal-Körper entspricht in seinem Umfang der physischen Hülle. Die Verbindungen, die zwischen den astralen und den mentalen Strukturen bestehen, sind hier kaum mehr wahrzunehmen. Diese Ebene entspricht der Seelenebene, so dass man sagen könnte, der Kausalbereich sei der Sitz der Seele. Hier sind die beständigen Strukturen der jeweiligen Seele enthalten, welche nicht mehr so schnell veränderbar sind, wie es etwa in den astralen Ebenen der Fall ist. Hier findet man die Ausrichtungen auf das Göttliche und die erarbeiteten Erkenntnisse in Verbindung mit der allerhöchsten Liebe. Der Kausalkörper bleibt über die Inkarnationen bestehen, wohingegen sich der Mental- und Astralkörper jeweils dem leiblichen Körper der jeweiligen Inkarnation neu angleicht und nach dessen Ablegen wieder auflöst.

Ist der Gang der Inkarnationen für eine Seele beendet und kann sie in die geistigen Ebenen einkehren, wird auch dieser Seelenleib aufgelöst und die rein geistigen Strukturen bleiben bestehen.

Der Lichtkörper

Bevor der Lichtkörper sichtbar wird, überqueren wir einen Energiebereich, der als die Barriere des Lichtes bezeichnet werden kann. Können ganz vereinzelt noch leicht unausgerichtete Strukturen den Kausalbereich berühren, ist es absolut unmöglich für lieblose Einheiten oder Energiefelder, die Barriere des Lichtes zu überqueren und in das Geistreich einzudringen. In der überlieferten Literatur wird nach dem Kausalkörper noch von drei weiteren Körpern berichtet, welche aber für das hellsichtige Auge kaum noch wahrnehmbar sind. So wird nach der Lichtbarriere ein Körper geschaut, der nachfolgend als der Lichtkörper bezeichnet wird. Er ist die Energieform, in der sich die Seele nach dem Verlassen der Kausalwelt weiterentwickelt und mit der sie bereits innerhalb der Inkarnationen verbunden ist. Über den Lichtkörper ist die Seele mit den göttlichen Kräften verbunden, welche bei einem sehr wachen Bewusstsein auch von einer inkarnierten Persönlichkeit intensiv wahrgenommen werden können. Von hier erreicht die

Persönlichkeit ihre höchsten Ideale und die tiefsten Inspirationen aus der geistigen Welt.

Der Lichtkörper formt sich aus der Menge an Liebe, welche ein Wesen in sich entwickelt hat und von welcher es aus den höchsten Bereichen durchdrungen wird. Eine aufwärts strebende Seele wird zu Beginn ihrer Arbeit nur einen schwach ausgeprägten Lichtkörper aufweisen können; ein Engelwesen, welches den Erdengang angetreten hat, wird hingegen bereits über einen voll entwickelten Lichtkörper verfügen.

So kann man die jeweiligen Auren mit ihren Körpern in gewisser Weise separat betrachten, jedoch sind alle Energiefelder miteinander verwoben und bedingen sich gegenseitig. Das eine ist für eine Erdeninkarnation nicht vom anderen zu trennen, und bei einer normalen Entwicklung sind alle Auren über entsprechende Matritzen gut miteinander verknüpft, damit die Energieströme aus den höheren Ebenen optimal hindurchströmen können.

VII.

DIE AURA – VON DER GEBURT BIS ZUM TOD

Bei den Vorbereitungen für eine erneute Inkarnation wird mit den zukünftigen Eltern genau besprochen, unter welchen Voraussetzungen die Seele ihren Erdengang beginnen wird. Es werden zum einen die leiblichen Eltern ausgewählt und ebenso die wichtigen Kontakte mit inkarnierten Seelen vorbereitet, mit denen der Neuankömmling sich eventuell noch aussöhnen soll oder mit denen er energetische Verbindungen lösen kann. Auch Wesen, die sich auf diesem Planeten eine bestimmte Aufgabe vorgenommen haben, besprechen dies vorab gemeinsam, um die Grundlage für eine gute Zusammenarbeit zu schaffen.

Sehr oft werden die Seelen als Eltern gewählt, mit denen man aus früheren Inkarnationen etwas zu verarbeiten hat oder die ähnliche Aufgaben zu bewältigen haben wie die ankommende Seele. Auch die Familienmitglieder finden nicht zufällig zusammen, sondern alles geschieht nach einem ganz bestimmten Plan, der in seinem Umfang, seiner genauen Vorbereitung und der Ausführung während der gesamten Inkarnation eine einzigartige Weisheit und Intelligenz erkennen lässt. Die Schutzengel, welche die Seelen meist das ganze Leben hindurch begleiten, wirken hier und leisten Unglaubliches. Auch lernen sie zwar durch diese Aufgabe, aber es erfordert von ihnen einen liebevollen und intensiven Einsatz, durch den sie zum Teil bis an ihre Grenzen gefordert werden.

Da alle diese Vorbereitungen der neu inkarnierten Persönlichkeit nicht mehr bewusst sind, sondern die zukünftigen Lösungsaufgaben und Tätigkeiten intuitiv und die Geschehnisse im Leben erst mit der Zeit wahrgenommen werden, ist es für den Menschen sinnvoll, nicht seine im Moment sich zeigenden eigenwilligen Vorstellungen durchzusetzen, sondern seine höheren Eingebungen zu akzeptieren und sich an die Aufgaben zu machen, die für dieses Leben vorgesehen sind. Ansonsten geschieht es sehr schnell, dass ein Mensch diesen Planeten wieder verlässt und nur seinen eigenwilligen Vorstellungen gefolgt ist, aber seine eigentlichen Aufgaben versäumt hat. Dies erzeugt in den jenseitigen Ebenen großes Leid, und ein erneutes Leben auf dem Planeten muss für diese Aufgaben angesetzt werden.

Deshalb ist es sehr wichtig, dass der Mensch seine Lebensumstände und die Seelen um ihn herum akzeptiert und annimmt, in dem tiefen Wissen, dass alle diese Gegebenheiten gewollt und der Seele selbst dienlich sind. Die geistige Welt begleitet ihn und will für ihn stets das Beste. Viele unangenehme Dinge müssen jedoch geschehen, weil sie wichtig und richtig sind und dem Weiterkommen und der Höherentwicklung einer Seele dienen. Wenn man frühere Inkarnationen aus historischer Sicht betrachtet, so boten sich in einem Leben nur bestimmte Gelegenheiten für die Auflösung und Verarbeitung karmischer Strukturen. Der Mensch lebte meist an einem Ort, mit höchstens einem Umzug und in der Regel nur einem Lebenspartner. In der jetzigen Zeit werden die Verarbeitungen in einem zeitlich viel schnelleren Rahmen ermöglicht. Man wechselt häufiger den Wohnsitz, was immer auch mit einer energetischen Veränderung zu tun hat. Meist ist der Zeitraum für eine Partnerschaft, in der man Probleme zu bewältigen hat und vieles lernen kann, auch einem schnelleren Wechsel unterworfen. Für einen bestimmten Reifeprozess oder für den Abbau bestimmter karmischer Muster kann ein neuer Partner vorbestimmt sein, mit dem man dann den weiteren Weg gehen kann. Es können auf diese Weise bedeutend mehr karmische Verbindungen aufgearbeitet und mehr geistige Ziele erkannt werden, als das unter den gesellschaftlichen Rahmenbedingungen von vielen früheren Leben möglich war.

Man sollte sich immer wieder bewusst machen, dass das wahre geistige Leben nicht auf dieser Welt zu finden ist und der Planet Erde eher als Schulungs- und Läuterungsplanet angesehen werden kann. Mit dieser Erkenntnis ist man nicht dauernd von der Erwartung abhängig, es müsste einem immer nur gut gehen und das Leben hätte einem gefälligst das Beste zu bieten. Es bietet bereits das Beste, das Beste für die Aufarbeitung des Karma, für Erkenntnis und Weiterentwicklung, nur übersieht und vergisst der Mensch diese großen Hintergründe oftmals in den Wirren des Lebens. Jedes Wesen und Energiefeld, welches sich in den Prüfungen des Lebens durch die materiellen Situationen zeigt, kann dem Menschen durch Erkenntnis behilflich sein auf seinem Reifungsweg. So kann die gesamte materielle Schöpfung vielleicht mit der Zeit erhoben werden und einst wieder in die geistigen Reiche einkehren, »heimkehren in das Vaterhaus«, denn »sein Reich ist nicht von dieser Welt«.

Es wäre eine liebevolle und dankbare Betrachtung des Lebens, wenn der Mensch einsehen könnte, dass jede lieblose Struktur, die sich auf diesem Planeten befindet, jedes noch unentwickelte Einzelwesen, ebenso wie das kollektive Feld der Gesamtmenschheit, der Persönlichkeit »dienen« kann, um unausgerichtetes Gedanken- und Emotionsgut in die Liebe zu führen. In diesem Sinne sollte das Leben nicht als »Gegenspieler« betrachtet werden, sondern als Arbeits- und Bewusstseins-Lernfeld. Durch das Gesetz der Resonanz wird in der Aura jedes Menschen immer nur der Bereich berührt, der in der gleichen Energie schwingt wie das ankommende Feld oder Wesen. Somit hat alles scheinbar Negative, welches den Menschen auf seinem Weg meist unangenehm berührt, stets mit der Persönlichkeit selber zu tun und kann als Hinweis genommen werden: »Schau, hier gibt es noch etwas zu verarbeiten und auszurichten!« Man darf hierbei auch nicht vergessen, dass eine Seele, die bereits in sehr lichtvollen Energien schwingt, zum Ausgleich auf der Persönlichkeitsebene einer größeren und somit stärkeren Menge an dunkler Kraft bedarf, um den unausgerichteten Teil in einer solchen Aura zu berühren. Dann denkt die betroffenen Person oft: »Habe ich noch so viel zu tun, dass mir so etwas widerfahren muss?« Dabei handelt es sich hier um eine Gesetzmäßigkeit, die für alle Wesen gilt und nicht umgangen werden kann. Es geschieht durchaus häufig, dass während der Bewältigung einer bestimmten Situation jenseitige Wesen das Geschehen beobachten und davon lernen, oder es kann darum gehen, das kollektive Feld zu verändern. Somit geschieht die Situation nicht gegen eine Seele, sondern stets für sie oder für die Aufgaben, die sie sich für diese Inkarnation vorgenommen hat.

So überkam zum Beispiel eine Frau stets das Gefühl, dass ihre leiblichen Eltern sie nie wirklich haben wollten. Die Geschwister wurden bevorzugt, und sie fühlte sich in großem Maße unwillkommen und ungeliebt. Dazu kam noch, dass sie in ein Internat gegeben wurde und somit, nach ihrer Vorstellung, auch noch von zu Hause hinausgeworfen worden war. Das ließ sie beinahe verbittern, und sie war mürrisch und zu ihren Mitmenschen stets unhöflich und zurückgezogen.

Als feinstoffliche Information zeigte sich allerdings, dass sie selbst es war, die sich ganz kurz nach Beendigung ihrer letzten Inkarnation dazu entschlossen hatte, genau in der jetzigen Zeit, in der eine große energetische Umstellung auf diesem Planeten stattfinden wird, erneut zu inkarnieren, um ganz bestimmte Aufgaben zu übernehmen. Es war ein Akt der Liebe für ihre zukünftigen Mitmenschen, und sie selbst hatte noch einige kleinere Unvollkommenheiten ihrer Seele zu verarbeiten.

So hatten sich die jetzigen Eltern vor ihrer Inkarnation in den geistigen Ebenen kurzfristig bereit erklärt, sie als Kind zu empfangen, sie aber dann abzugeben, damit sie in der Obhut eines ganz bestimmten Internates und mit der Strenge dieser Lebensweise großgezogen werden konnte, mit den Werten, die sie für dieses Leben benötigte, um durch die kurze Erholungsphase nicht von ihrem Ziel abzuweichen.

Da die Frau diesen Plan als Abschiebung ihrer leiblichen Eltern ansah und die Gesamtheit der Situation als Lieblosigkeit ihrer Person gegenüber betrachtete, hatte sich ein großes Feld der Unzufriedenheit in ihrer Aura aufgebaut, und die höheren Kräfte hatten es schwer, in ihre Persönlichkeit einzufließen und sie zu unterstützen. Diese Frau wehrte sich gegen ihr Leben selbst und haderte mit Gott, dem sie anscheinend diese Lebensweise zu verdanken hatte.

Zum Glück war ihre innere Liebe stark genug und brach ihre Ablehnung auf, damit der Plan ihres Lebens nicht umsonst verfasst worden war. Auch ihre geistige Führung hatte immer wieder versucht, sie durch äußere Umstände auf den rechten Pfad zu bringen. Nun konnte sie wieder Liebe und Dankbarkeit für die Eltern und das Umfeld empfinden, in dem tiefen Wissen, dass in der Kürze der Zeit trotz allem das Beste für sie eingetreten war, auch wenn dies mit manchen Unannehmlichkeiten und schwierigen Gefühlszuständen verbunden war.

So ist die Erkenntnis, dass sich unsere Lebensumstände aus Ausrichtung auf unser höheres Selbst ergeben, auch wenn die Persönlichkeit dies noch nicht einzusehen vermag, ein erster und überaus wichtiger Schritt, um frei zu werden von bindenden Vorstellungen. Frei zu werden von Verurteilungen dem Umfeld gegenüber und stark zu werden im tiefen Wissen, dass wir behütet sind und alle Lebensumstände für den Menschen und seine geistigen Aufgaben und Erkenntnisse wirken.

Sind nun alle möglichen Vorbereitungen für einen erneuten Erdengang getroffen, nähert sich die Seele der leiblichen Mutter, und mit dem Zeitpunkt der Befruchtung und der ersten Zellteilung beginnen die zarten energetischen Einströmungen in den neuen Leib. Während dieser Zeit bleiben die inkarnierenden Seelenbereiche stets um die zukünftige Mutter herum. Die inkarnierende Seele ist somit bereits nicht mehr frei, sondern die ersten Bindungen beginnen. Meist hat sie die Möglichkeit, das Zentrum ihres Bewusstseins zwischen der geistigen Welt und dem sich entwickelnden Bereich im neuen Körper zu verlagern.

Mit dem vorhandenen, dem Menschen derzeit zur Verfügung stehenden genetischen Material und den entsprechenden karmischen Strukturen wird nun der Körper gestaltet und die charakterlichen Züge eingeprägt. Dennoch wird die neue Körperform auch die der jeweils angehörenden Kultur typischen Merkmale erhalten, mit denen gleichzeitig der innere Zugang in das bestehende Kulturgut ermöglicht wird. So hat eine Persönlichkeit, wenn sie dazu in der Lage ist, Zugänge zu einer feinstofflichen Informationsquelle, durch die sie, wenn sie kann und möchte, auch auf das gesamte Wissen aller Kulturen, und somit auf das Weltwissen, Zugriff nehmen kann. Es sind noch unglaublich viele Möglichkeiten als Potential in den Genen angelegt, und mit Freude kann man sehen, dass in bestimmten Bereichen langsam ein erweiterter Zugriff stattfindet. Das genetische Material ist von weitaus größerer Bedeutung, als bislang angenommen wurde. Es gestaltet das persönliche sowie das kollektive Programm, welches für die feinstofflichen Zugänge und Informationen von großer Bedeutung sind. So wird einer lichtvollen Seele auch der notwendige genetische Code gegeben, da sie ansonsten die Zugänge zu den jeweiligen feinstofflichen und materiellen Energiefeldern nur schwerlich aufbauen könnte.

Diese Verbindungen in den sich entwickelnden Leib sind noch sehr zarte Bande, doch sind sie überaus wirksam in ihrer zukünftigen Prägung. So erlebt man mitunter, dass eine Seele sich einen behinderten Körper wählt, um ein altes Karma abzutragen oder ein bestimmtes Energiefeld in Demut zu verwandeln.

Es wird auch im voraus festgelegt, ob eine Seele, die spirituell einmal sehr vielen Menschen helfen soll, körperliche Mängel und Merkmale erhält, damit sie nicht durch einen zu schönen Körper dauernd in Beziehungsprobleme verstrickt wird und somit von den Dunkelkräften verführt werden kann, wodurch sie ihre Lebensaufgabe versäumen könnte.

So können auch manche körperlichen Mängel einen wichtigen Hintergrund mit Sinn aufweisen.

Um die Aura einer werdenden Mutter sieht man das schwingende Energiefeld einer Seele, welche sich aufmacht, in einen Erdenkörper einzutreten, mit den energetischen Verbindungen, die in den Unterleib der zukünftigen Mutter reichen. Diese energetischen Strukturen sind noch sehr zart und sehen in der Aura wie Wolken aus, da die Verbindung in die geistigen Ebenen noch sehr stark ist und immer nur ein bestimmter Bereich sich in die dichteren Körperebenen vorschiebt. Die Seele bleibt noch innig mit der jenseitigen Welt verbunden, bekommt aber schon, je nach körperlicher Entwicklung und Aufnahmefähigkeit der Sinne, Geräusche und Berührungen mit. Gefühlsmäßig sind die Wahrnehmungen des Kindes bereits intensiv mit denen der Mutter verbunden. Leider wird immer noch sehr stark unterschätzt, in welchem Ausmaß die Wahrnehmung bereits ausgeprägt ist. Oftmals werden die Wahrnehmungen des Ungeborenen über seine feinstofflichen Empfindungswelten aufgenommen und dann als Information in der Körperform gespeichert. Sind diese Erfahrungen unangenehm und lieblos, sieht man tatsächlich bereits erste Verdickungen in der kleinen Aura.

Ein sehr interessanter Aspekt ist der, dass viele sich inkarnierende Seelen den Eintritt in die Körperhülle als starke Einengung empfinden. Es zeigt sich, dass die Enge des Mutterleibes weniger als heile und ideale Welt wahrgenommen wird, sondern vielmehr als ein Eingebundensein in einen begrenzten Lebensraum mit wenig Bewegungsmöglichkeiten. Man sieht bei der Beobachtung der Auren, dass die Seele zu Beginn der Schwangerschaft noch zu beiden Bereichen Zugang hat und anfänglich noch nach ihrem Willen wechseln kann.

Je weiter die Schwangerschaft fortschreitet, umso stärker wird das wolkige Aurafeld im Unterleib der Mutter. Normalerweise ist dieses Feld sehr zart anzusehen und wirkt milchig, wie bei einem Neugeborenen. Es kann jedoch geschehen, dass sich dennoch Verzerrungen und dunklere Spannungseinheiten erkennen lassen, wenn die Mutter einen Schock oder belastende Situationen während der Schwangerschaft durchleben musste.

Ein sehr interessanter Aspekt sind die biologischen Bezeichnungen des Ungeborenen. In den ersten zwölf Wochen wird der ankommende Erdenbürger als Embryo bezeichnet. In dieser Zeit fließen die ersten Seelensubstanzen ein und das Organbewusstsein baut sich auf. Es wird der Kontakt zu bestimmten Erdkräften aufgebaut und die Energie, die später als der innere Arzt bezeichnet wird, fängt an, ihren heilenden Einfluss auszuüben.

Ebenso kann man in der Aura erkennen, dass immer stärker die Kulturfelder, in die das Ungeborene hineingeboren wird, Kontakt zu dem neuen Erdenbürger suchen. Zum Teil kann dieser das Wissen aus diesen Feldern nutzen und erhält somit bereits ein feinstoffliches Wissenspotenzial und einen Zugang in diese Ebenen.

Nach der zwölften Woche wird der Embryo als Fötus oder Fetus bezeichnet, und genau ab dem 3. Monat fließt ein weiterer Seelenbereich ein. Manchmal werden von den Seelen die gefühlsmäßigen Kontakte mit ihrem neuen Leib sogar erst ab diesem Zeitpunkt wahrgenommen. Zuvor wird der neue Leib von der Seele gefühlsmäßig als eher fremd betrachtet. Man sieht deutlich in der Aura, dass sich bereits mehr Seelen-Energie in den kleinen Körper verlagert hat. So beginnen bereits jetzt Wahrnehmungen, die über die weltlichen Sinne erfahren und im Erinnerungsbewusstsein gespeichert werden. Nach der Geburt weiß der Säugling somit auch, welche Stimme zu seiner Mutter, zu seinem Vater oder zu seinen Geschwistern gehört.

Läuft die gesamte Schwangerschaft und auch die nachfolgende Phase harmonisch ab, hat der neue Erdenbürger die besten Voraussetzungen, um sein Leben aus den Kräften des Herz-Chakras zu bewältigen und über diese Energien aus den höheren Ebenen heraus inspiriert und geführt zu werden.

Im sechsten Schwangerschaftsmonat fügt sich ein weiterer, sehr wichtiger und entscheidender Bereich in die neue Körperhülle ein. Manchmal entscheidet sich erst in diesem Monat, ob die Seele den Erdengang auch wirklich ausführen will und ob alle Vorbereitungen, wie von der Seele gewünscht, getroffen werden konnten. In der Medizin ist die manchmal auftretende kritische Phase des Überlebens in dieser Zeit bekannt.

Von der Seele wird die Bindung an den Leib nun bereits deutlicher registriert, und ihre Bewegungsfreiheit ist noch stärker eingeschränkt und noch intensiver auf den neuen Leib begrenzt.

Ist nun der körperliche Reifungsprozess abgeschlossen, tritt jener Bereich der Seele in den kleinen Körper ein, der zum Geburtsvorgang notwendig ist und zunächst einen kleineren Teil der gesamten Seelenkapazität darstellt. Das Integrieren der Seelenteile für die Gesamtpersönlichkeit wird erst mit dem weiteren Verlauf der Kindesentwicklung fortgeführt. Direkt mit dem Eintritt dieses vorgesehenen Seelenteiles und dem damit vom Kindeskörper ausgehenden Signal, dass alle energetischen Prozesse abgeschlossen sind, reagiert der Körper der Mutter und löst den Geburtsvorgang aus. Aus diesem Grund ist es sinnvoll, den Geburtsvorgang nicht mit geburtseinleitenden Mitteln zu forcieren, sondern ihn dem Wirken der jeweiligen Seele zu überlassen, damit das notwendige Kräftepotenzial vorhanden ist. Der Durchgang des Kindes durch den Geburtskanal stellt die Verankerung der bisherigen Seelenteile in den Leib dar und vermittelt den Impuls, dass die zur Welt kommende Seele die Enge des Mutterleibes verlassen und eigenständig in der Welt zurechtkommen soll. Ist ein Wesen bereits sehr entwickelt, kann es sein, dass erst zu diesem Zeitpunkt jener Großteil der Seelenenergie in den kleinen Körper übergeht, der zuvor sein Dasein während der körperlichen Entwicklung noch fast ausschließlich im feinstofflichen Bereich um die Mutter herum verbracht hatte.

Der Durchgang durch den Geburtskanal ist gleichzeitig der Beginn des so genannten Tagesbewusstseins des Menschen; das bedeutet, dass es der Persönlichkeit im Normalfall erst von diesem Zeitpunkt an möglich sein wird, sich an die Dinge, die sie erlebt, im Wachbewusstsein erinnern zu können. Die eigenständige Atmung, die Aufnahme von Nahrung und die anderen körperlichen Prozesse werden von nun an vom Kinderkörper selbstständig vorgenommen. Gleichzeitig zeigt es der Seele an, dass sie nun aus den Regionen der jenseitigen Welt in einen Leib inkarniert wurde und ihr Wirkungsbereich somit auf das Weltbewusstsein beschränkt ist. Dieses »Tunnelgefühl« erleben viele Seelen auch wieder beim Austritt aus dem Lebensfeld dieses Planeten.

Vom Zeitpunkt des Durchgangs durch den Geburtskanal werden die körperlichen Wahrnehmungen durch die fünf Sinne verstärkt vor die Wahrnehmungen aus der geistigen Welt gestellt, die nunmehr der Seele nicht mehr im gleichen Maße zugängig sind.

So berichteten einige Hebammen und Kinderkrankenschwestern, dass die Kinder, die per Kaiserschnitt auf die Welt kamen, in ihrem Schreien ungeduldiger und ärgerlicher waren, verglichen mit den Kindern, die durch eine natürliche, weiche Geburt in das Leben traten. Vielleicht fühlen die kleinen Erdenwesen, dass ihnen ein wichtiger energetischer Eintritt und eine wertvolle Erkenntnis verwehrt worden ist.

Nun ist ein Kaiserschnitt nicht zu verwerfen, da er medizinisch in vielen Fällen angebracht ist, aber es ist bei diesen Kindern für die freie energetische Entwicklung notwendig, dass mit großer Sorgfalt und intensiver Zuwendung der Mangel danach mit viel Liebe sowie gedanklichen und gefühlsmäßigen Gesprächen für die kleine Persönlichkeit wieder ausgeglichen wird.

So sind die ersten Sekunden und Minuten für die ankommende Seele von entscheidender Bedeutung. Hier prägen sich die ersten Gefühle und Eindrücke der Aura intensiv ein. Es ist wunderbar, dass sich immer mehr werdende Mütter für eine möglichst natürliche Art der Geburt entscheiden und sich immer mehr die Erkenntnis durchsetzt, dass ein Ungeborenes sowie ein Neugeborenes zu einer gefühlsmäßigen Wahrnehmung fähig ist. So lässt sich ein Kaiserschnitt oder eine schwierige Geburt nach kurzer Zeit energetisch und gefühlsmäßig ausgleichen, wenn in der Zeit davor und danach der neue Erdenbürger angenommen und geliebt wird sowie die genügende Aufmerksamkeit erhält. Alle Verspannungen können sich auf natürliche Weise aus der Aura lösen.

Manchmal erleben sehr hoch entwickelte Seelen eine Art Geburtsschock. In den jenseitigen Ebenen, vor allem wenn die letzte Inkarnation eine Weile her ist, wird die tatsächliche Einwirkung der dunklen Kräfte und der lieblosen Energien nur geahnt, aber nicht so deutlich wahrgenommen, wie sie dann tatsächlich sind und die Seele bedrängen. Treffen diese Seelen schließlich auf der Erdebene ein und erkennen mit einem gefühlsmäßigen Schreck, wie lieblos und starr die Energiefelder auf dem Planeten inzwischen geworden sind, dauert es mitunter viele Jahre, bis solch eine Seele zurecht kommt und mit den Gefühlen des »hier bin ich nie und nimmer richtig« oder »was für eine Qual auf diesem Planeten« fertig wird und sich ihrer Aufgabe und Führung bewusst widmen kann.

Im ersten Lebensjahr ist der bewusste Eintritt in das Erdenleben noch sehr stark von Bedürfnissen und Reflexen geprägt. Das Gehirn entwickelt sich im ersten Lebensjahr weiter, doch die Nähe zu den geistigen Reichen ist noch sehr ausgeprägt. Trotz dieser Ausreifung des leiblichen Gehirnes nutzt der Mensch derzeit nur einen Bruchteil seiner möglichen genetischen und geistigen Kapazität. Es zeigt sich jedoch, dass viele Kinder geboren werden, denen bereits die Nutzung einer größeren Potenzials ihres Gehirns möglich ist. Es scheint so, als könnte der Mensch zukünftig durch die Veränderung im genetischen Material deutlich mehr nutzen, als dies bisher möglich war. Nicht nur die Neugeborenen weisen hier eine Verstärkung auf, auch zahlreiche bereits länger inkarnierte Seelen erhalten die Möglichkeit, das vorhandene Potenzial umfassender zu nutzen. Tritt dieser Umstand ein, ist der Mensch in der Lage, seine Möglichkeiten besser, stärker, tiefer und mit dem Einsatz feinstofflicher Wahrnehmungsmöglichkeiten zu nutzen. So setzen einerseits hellsichtige Fähigkeiten ein und andererseits bildet sich eine höhere Ethik aus. Die Verbindung in kollektive Felder wird verstärkt, und die Informationen, die auf feinstofflichen Ebenen fließen, werden bewusster wahrgenommen.

Werden nun die Bedürfnisse eines Säuglings in dieser ersten Zeit gestillt, kann die neu inkarnierte Persönlichkeit bereits ein gewisses Maß an Sicherheit für dieses Erdenleben aufbauen, was gerne mit dem Wort Urvertrauen bezeichnet wird. Ebenso ist die

Energie von männlichem und weiblichem Pol ein wertvolles Unterstützungsfeld für den kleinen Erdenbürger.

Die körpernahen Aura-Schichten sehen milchig aus, da sich noch keine dichteren Ansammlungen aus der gegenwärtigen Inkarnation darin befinden und die kleinen Wesen somit noch »reine Seelchen« sind, wie der Volksmund sagt. In den tieferen Aura-Schichten sind jedoch die Merkmale der Persönlichkeit enthalten und wirken, je nach Menge der eingeflossenen Seelenteile, auch auf das Verhalten des kleinen Menschen ein. Jede Mutter weiß, dass jedes ihrer Kinder individuelle Veranlagungen und Verhaltensmuster aufweist, und das bereits schon sehr früh.

Im Alter von einem Jahr fließen weitere Seelenteile ein, und die Aura wird nun bereits größer und weist die ersten Farbschattierungen auf. Beim Eintritt einer Seele in den Körper zeigt dieser noch einen schwach ausgeprägten, für diesen Erdengang neu entwickelten Astralleib sowie einen kaum wahrnehmbaren Mentalkörper. Diese werden erst im Laufe der Zeit entwickelt, unter Hinzufügung der restlichen, im Feinstofflichen abgelagerten Verarbeitungsmuster aus früheren Leben und der gleichzeitigen weiteren Kräftigung der Seelenstruktur.

Mit drei Jahren strömt ein weiterer wichtiger Seelenaspekt ein, und das Kind wird sich in dieser Zeit nicht mehr nur als »Jennifer oder Alexander« erleben, sondern als »Ich«, als Persönlichkeit, die für sich alleine in einem Körper existiert. Plötzlich heißt es »ich will« und nicht mehr »Jennifer oder Alexander will das auch haben«!

Im Alter von sieben Jahren kehren weitere Seelenteile in den Körper ein, und in dieser Zeit wird die Aura bereits stärker von persönlichen Strukturen geprägt und vielfältig verändert. Die Aura wird kräftiger, die Farben ausdrucksvoller und die junge Persönlichkeit erhält mehr Kraft und Seelenstärke für ihre Aufgabe. Der Körper ist bereit, die komplexe Seelenstruktur auszuhalten. So wächst die Aura auch in ihrer Ausdehnung mit, wobei die Nähe und der Zugang zu den feinstofflichen Reichen immer noch ausgeprägt ist und viele Kinder geistige Wahrheiten erkennen und feinstoffliche Wesen um sie herum wahrnehmen können. Befinden sich die Seelen in einem sie behütenden Umfeld und werden in ihren Bedürfnissen und Nöten angenommen, können die einströmenden Seelenteile gut an das bestehende Energiefeld angekoppelt werden.

Mit etwa vierzehn Jahren erfolgt der nächste Einstrom. Mit diesem wird die Seele an die irdische Sexualenergie angebunden und von dieser mit geprägt. Dieser Einstrom erfolgt über längere Zeit und beginnt bei der jetzigen Körperentwicklung meist schon früher. Dies hat nicht vorrangig mit der Aufnahme von Wachstumshormonen aus der Nahrung über hormonell aufgepäppelte Tiere zu tun, sondern ist ein Entwicklungszustand. Jedoch darf insgesamt die nahrungsmäßige Aufnahme von Hormonen in ihren unterschiedlichen Auswirkungen nicht unterschätzt werden.

Mit dem Einstrom stärkerer Seelenenergie und der Anbindung an die Fortpflanzungsenergie verändert sich der Körper gravierend. Das zarte, haarlose Körperchen wird im männlichen Bereich rauer, haariger und widerstandsfähiger, im weiblichen Bereich dagegen formen sich die weiblichen Konturen. Die Anbindung an die Sexualenergie kann die Seele wie ein Hinauswerfen aus der weichen Führungsenergie aus höheren Quellen empfinden und kann darauf mit großem Missbehagen reagieren. Nun ist sie nicht mehr geborgen und frei von hormonellen und damit körperlichen Vorgehensweisen und Beeinflussungen, sondern wird entscheidend bestimmt von den Fortpflanzungsimpulsen und den zum Teil quälenden Gefühlsregungen. Nun ist das Paradies des Kinderzustandes, in dem man sich selbst mehr erleben konnte, vorbei, und das Streben nach dem geschlechtlichen Gegenüber nimmt den jungen Menschen in Beschlag.

In früherer Zeit mit einundzwanzig Jahren, inzwischen bereits früher, zieht nun der Seelenbereich in den Körper ein, der die Gesamtheit der Seelenkapazität für diese Inkarnation darstellt. Nun ist die Persönlichkeit vollständig, was ihre Seelenteile betrifft. Dies drückte sich gesellschaftlich noch bis vor kurzem dadurch aus, dass ein junger Mensch mit einundzwanzig Jahren volljährig und somit voll geschäftsfähig war. Die Persönlichkeit benötigte somit auf energetischer Ebene nicht mehr die Unterstützung von Eltern oder Erziehungspersonen, sondern konnte mittels eigener Entscheidungen und Intuitionen sein Leben gestalten und auf alle Lebenssituationen reagieren.

Die verschiedenen Auren haben nun ihre jeweilige Größe erreicht und enthalten die karmischen Strukturen, die die Persönlichkeit für diese Inkarnation mitgenommen hat. Es sind Gedanken- und Emotionsgebilde, die, je nach Inhalt, dunkel und starr sind und die Persönlichkeit extrem belasten können oder kräftige und unterstützende Energiefelder enthalten, die über Verbindungen in die Feinstofflichkeit gespeist und gestärkt werden. Die Muster zur Verarbeitung und die persönlichen Lernprozesse zeigen sich je nach Ausmaß und Stärke und wirken auf den Menschen ein. Die geistige Führung entscheidet immer den Zeitpunkt, an dem die bestimmten Situationen geschehen können, um zu garantieren, dass die Persönlichkeit über die notwendige Kraft verfügt, ihre Aufgaben zu meistern und in ihrer Reifung weiterzukommen. Man sieht in dieser Phase auch, dass sich die zur Verarbeitung anstehenden feinstofflichen Strukturen näher an die dichteren Schichten der Aura heranschieben.

Es liegt dann an jedem Menschen selbst, sich zu entscheiden, ob er sich aus den bestehenden Strukturen heraus »ent-wickeln«, sich somit lösen und von Altlasten befreien sowie in seinen Tugenden weiter ausbilden möchte. Mit jeder Verarbeitung und jeder Öffnung für die höheren Kräfte lösen sich Verdichtungen und

Blockaden in der Aura. Die Energien können frei und durchlichtet fließen, und die Aura wird klarer, reiner und offener für die lichtvollen Kräfte der Schöpfung.

Der Körper muss bestehende Lasten nicht immer mühsam über Krankheit und Unwohlsein abtragen, sondern kann sich durch eine bewusste Arbeit und Annahme seiner Bestimmung frei und gesund auf dem Weg seiner Persönlichkeit bewegen. Ist es notwendig, dass sich noch bestehende karmische Belastungen zeigen, müssen sie somit nicht durch eine Lebenssituation ausgelebt werden, sondern können über das Gefühl und die bewusste Verarbeitung schnell angenommen und ausgerichtet werden. Das erweiterte Bewusstsein öffnet die Energiekanäle aus den höheren Ebenen, und so klar wie sich die Aura in ihrer Dichte und Farbe zeigt, so klar fühlt es sich auch für den jeweiligen Menschen an. Klar und frei strömen die Energien und intuitiven Erkenntnisse, damit die ungetrübte Wahrnehmung der äußeren Vorgänge absolute Realität wird und bleibt. Der geistige Fortschritt verstärkt sich, und Fähigkeiten wie Telepathie können normaler Bestandteil der Wahrnehmungsfähigkeit werden.

In kaum einer Zeitepoche konnten karmische Belastungen energetisch so stark aufgearbeitet werden wie in der derzeitigen. Die Verleugnung und Ablehnung der Reinkarnationslehre löst sich im Westen auf, und die Möglichkeiten, Blockaden aus uralten Zeiten aufzulösen, sind so günstig wie nie. Aus diesem Grund haben viele Seelen derzeit alle ihre karmischen Altlasten mitgenommen, um sie in diesem Leben zu verarbeiten. So fragt sich mancher Mensch, warum sich so viele Dinge in seinem Leben ereignen und warum Geschehnisse in solchem Tempo vorbeirasen. In manch einer früheren Inkarnation wurde einmal geheiratet, vielleicht einmal umgezogen und auch sonst hat sich nicht allzu viel verändert, im krassen Gegensatz zu heute. Zwar haben viele Partnerprobleme auch mit Veränderungen in eigenwilligen persönlichen Strukturen zu tun, aber viele Wechsel ereignen sich deshalb, weil die Partnerseele den anstehenden Weg in der Geschwindigkeit und in der bestimmten Art und Weise nicht gehen will und kann.

Je weniger nun der Mensch an bestehenden Strukturen hängen bleibt und frei und im Vertrauen auf seine geistige Führung seinen Weg gehen kann, umso weniger schmerzvoll wird sein Weg sein. So können Schmerz und Leid zwar noch aufmerksam machen auf bestehende karmische Altlasten, die Intensität des Erlebens bleibt in der Folge jedoch dem Menschen selber überlassen.

Nimmt er die jeweiligen Aufgaben an und erkennt, dass er vielleicht selbst etwas an sich zu arbeiten hat und Teilbereiche in die Liebe führen oder sich von alten Mustern lösen soll, dann kann er schnell und im Einklang mit dem Schöpferstrom seine Aufgaben bewältigen. Er wird seine Teilbereiche, mit denen er umzugehen hat, annehmen wie Kinder, die noch zu lernen haben, und wird liebevoll zu ihnen stehen. So verwickelt er sich nicht erneut in altes Karma, sondern kann sich frei und inspiriert weiterentwickeln. Sobald ein persönliches Muster gelöst ist und die Energie frei fließen kann, ist es bestehenden weltlichen Programmen, die unglaublich stark sein können, nicht mehr möglich, in das Schicksal der Persönlichkeit einzugreifen. Der Mensch ist somit frei von der jeweiligen Energiestruktur und kann nicht mehr mit feinstofflichen Widerhaken und Einflüsterungen gebunden werden, da es im Sinne des Resonanzgesetzes keine Aspekte in seiner Persönlichkeit mehr gibt, die artgleiche Muster aufweisen. Die Fremdenergien fließen daher durch die Aura hindurch oder werden umgeleitet. Wieder verdeutlicht sich der Satz: »Wer in der Liebe ist, ist frei vom Gesetz!« Er ist somit frei von den weltlichen Belastungen und nicht mehr angreifbar.

Im Laufe eines Erdenlebens wird, je nach Wahrnehmung der

Möglichkeiten, die Persönlichkeit ihre Aura klären oder noch mehr mit Verarbeitungsenergie anfüllen.

Nicht selten sind bestimmte Strukturen selbstständig und beeinflussen, je nach ihrem Programm, den Menschen.

Da auch weltliche Vorstellungen und Glaubensrichtungen mit den Jahren immer stärker aufgebaut werden und die gedankliche und emotionale Kraft darin immer stärker wird, können sich in ihnen intensive Verhärtungen und Bindungen zeigen. Man spricht dann auch von einem grantigen und verknöcherten Alten. Es sieht nicht nur der Körper danach aus. In der Aura sind die farblichen und verdichteten Strukturen deutlich extremer. So wird die Aura im Alter nicht klarer und freier, sondern gefüllter und dichter, was dem Wesen selbst keine freien Möglichkeiten mehr lässt.

Nicht zu unterschätzen sind die ebenfalls in der Aura deutlich sichtbaren Verknotungen und Bindungen an bestehende irdische Energiefelder, die den jeweiligen Menschen nicht gerne freilassen und stets bemüht sind, sich ihren Zulieferer zu erhalten. Manchmal entweicht eine Seele bereits lange vor ihrem leiblichen Tod aus ihrem Körper und wechselt mit bestimmten Bereichen bereits die Ebene oder befindet sich einige Meter neben ihrer materiellen Hülle. Sie fühlt sich nicht mehr in der Lage, mit den aufgebauten Strukturen zu arbeiten und wird meist beherrscht von Scheinwelten, falschen Vorstellungen und Irreführungen. Solche Seelen sind kaum mehr ansprechbar, und nur eine dramatische, aufrüttelnde Situation holt das Bewusstsein für kurze Zeit nochmals in den Körper zurück.

Wie schön ist es da zu sehen, wenn ein älterer Mensch in seiner Aura frei ist und für sein Umfeld geöffnet. Er bewegt sich nicht nur in seiner kleinen Ich-Welt, sondern ist offen und frei für eine bewusste Wahrnehmung seines Umfelds. Er wird erfüllt von lichtvollen Energien und bewegt sich im freien Fluss der Schöpferkräfte. Solch eine Seele kann körperliche Belastungen, die sich durch das biologische Alter ergeben, sehr gut mit den energetisch unterstützenden und liebevollen Energien aus den geistigen Ebenen ausgleichen. Die Persönlichkeit hört nicht auf, an sich zu arbeiten, auch wenn sie keine Energien mehr für die leibliche Versorgung aufbringen muss, sondern arbeitet weiter an den inneren Werten, wofür sie durch die Summe an Erfahrungen wunderbar geeignet ist. So nähert sich solch ein Mensch einer Ausstrahlung und Erkenntnis, die man als weise bezeichnen und die den Mitmenschen sehr viel geben kann.

Ist nun der leibliche Tod nahe, entweichen oftmals bestimmte lebenserhaltende Energien bereits vor dem Zeitpunkt des leiblichen Todes, jedoch benötigen die in der Persönlichkeit verankerten Seelenteile nach dem Ablegen der physischen Hülle noch drei Tage, um sich vollständig aus der Körperwelt zurückzuziehen. In vielen Kulturen werden diese drei Tage der Totenwache glücklicherweise eingehalten, und die Ablösung geht friedlich und geordnet einher. Man sieht das Entweichen der höheren Körper, und die Ätherschicht verblasst zusehends. Der Mensch befindet sich in seinem Astralleib und bleibt noch drei Tage in der Nähe seines früheren Wirkungsfeldes, um sich manchmal auch noch von Orten und besonders von Menschen zu lösen und zu verabschieden. Noch nimmt er die Eindrücke aus der materiellen Welt gut auf, aber mit der Zeit entfernen sich diese immer mehr.

Bald schreitet die Seele weiter in die nächste feinstoffliche Ebene, um dort entweder auch den astralen Leib abzulegen oder in einer entsprechenden astralen Ebene noch eine gewisse Zeit zu verweilen.

Ist die Ablösung einer Seele vom Körper abgeschlossen, hat dieser überhaupt keine aurische Abstrahlung mehr. Alle lebenserhaltenden Seelenenergien sind entfernt, und der materielle Zerfall, beziehungsweise die Rückführung in die Einzelsubstanzen, wird einsetzen.

Werden bei der weltlichen Beerdigung dem nun »Verstorbenen« Gefühle der Liebe und unterstützende Kräfte mitgegeben, können diese der Seele helfen, eventuell noch bestehende Bindungen zu lösen und kraftvoll den neuen Weg zu beschreiten. Man sieht dann ein potenziertes Energiefeld, welches von hohen Lichtwesen zu den Hinübergegangenen gelenkt wird. Dankbar nehmen die Seelen diese Zuwendung an und fühlen sich gestärkt durch die Liebe ihrer Geistgeschwister.

Manchmal bleiben Teilbereiche der Seele jedoch gebunden durch Versprechungen oder falsche Vorstellungen, und dann beginnt ein mühsamer Weg. Zwar sollten materielle Güter durchaus geachtet und geschätzt werden, jedoch nicht als Eigentum betrachtet und somit im eigenen Energiefeld eingebunden werden. Dies zeigt sich in manchen Fällen im sichtbarsten Sinne des Wortes.

Suchen abgespaltene Teilbereiche einer hinübergegangenen Seele Hilfe, hängen sie sich oft an ihre bisherigen Familienmitglieder, um von ihnen die notwendige Unterstützung zu bekommen oder auch um ihre eigenen unguten Neigungen fortzuführen. So gab es den Fall eines Mannes, der sein Schuhgeschäft mit extremem Eifer und Einsatz führte und dieses über sein Leben und das der Familie stellte. Dieser Mann setzte nach seinem Unfalltod alles daran, um weiter seinem Schuhgeschäft nahe zu sein, da er glaubte, sein Sohn könnte in keinem Fall sein Geschäft führen, und ohne ihn würde es nicht gehen. Er heftete sich energetisch an seinen Sohn, um auf ihn und durch ihn auf den Betrieb einzuwirken, so gut es ihm möglich war. Der Sohn fühlte natürlich diesen Dauerdruck und die Belastung, und sein Körper reagierte mit Müdigkeit und Schwäche, was dem Programm des Vaters ja zugute kam, da er so das Geschäft tatsächlich nicht führen konnte. Die Loslösung einer solchen Seele erfordert besondere Zuwendung und Kraft. Immer jedoch zeigen sich solche Anklammerungen in der Aura eines Menschen und drücken sich auch durch eine Veränderung in der Wahrnehmung der betroffenen Person aus. Es wird somit eine Möglichkeit zur Erkenntnis gegeben und eine liebevolle Weiterbegleitung des Verstorbenen kann beginnen. So sind es zumeist nur Teilbereiche, die noch an die Erdenebene gebunden sind, und die Seele des Betreffenden versucht selbst, die Ablösung zu unterstützen. Ein Mensch, der sich jedoch schon immer mit seinem eigentlichen Wesen verbunden hat, wird kaum der Gefahr einer solchen irrigen Verhaftung an die materielle Ebene unterliegen.

VIII.

SEELENTEILE AUS DER KINDHEIT

Ein wichtiger Bestandteil von Belastungen des menschlichen Energie-Systems sind Seelenbereiche, die sich in der Kindheit nicht vollständig integrieren konnten.

Ist dies der Fall, sieht man in der Aura Verschiebungen zwischen bestimmten Energiefeldern und mitunter sogar Gebilde, die man als Risse bezeichnen könnte. Die betroffenen Felder, in denen normalerweise die ihnen innewohnende Stärke sichtbar sein sollte, sind schwach ausgeprägt und wirken unvollständig und zerbrechlich. Nicht selten haben fremde Einheiten diese Lücken übernommen und greifen stark in das gefühlsmäßige Leben der betroffenen Person ein. Man sieht in der Aura deutlich, dass die energetische Versorgung für die bestimmten Bereiche sich nicht aus den höheren Sphären vollzieht, sondern sich suchende, nach außen in die Welt greifende Energiekanäle bilden, die damit beschäftigt sind, sich Lebenskraft über Mitmenschen zu holen oder sich manchmal aus anderen Quellen speisen zu lassen, damit sie einigermaßen versorgt werden. Verläuft der Aufbau des Energieniveaus planmäßig, haben sich die integrierten Seelenteile den Anschluss an höhere Energiebereiche erarbeitet und werden von dort gespeist. Dann ist die Persönlichkeit von diesen Bereichen bereits unterstützt und gestärkt und braucht keine Zeit zu vergeuden, indem in der Außenwelt von Mitmenschen Energie geholt werden muss, um den Mangel auszugleichen. Sehr häufig wird von den Mitmenschen solch ein Vorgehen klar erkannt, und das Gefühl, dass man ausgesaugt wird, dauernd irgendwelche energetischen Forderungen angebracht werden und man sich bedrängt und eingeengt fühlt, macht sich breit.

Ist nun die Anpassung der Seelenteile für die jeweilige Inkarnation – bis zum Alter von einundzwanzig Jahren – aus bestimmten Gründen in den jeweiligen Abschnitten unterbrochen worden oder hat sich unvollständig vollzogen, bleibt eine Störung der Energie und eine Schwächung für die Persönlichkeit nicht aus.

Wie im vorherigen Kapitel besprochen, tritt bei der Geburt ein Teil der Seele vollständig in die Erdenwelt ein und unterstützt das werdende Leben beim Kontakt mit den manchmal rauen Energien des Planeten. Je liebevoller der Geburtsvorgang vor sich geht, umso reibungsloser und weicher vollzieht sich der Übergang aus der feinstofflichen in die materielle Welt. Die Liebe der Eltern und des Umfeldes sowie der sinnvolle Umgang mit den energetischen Vorgängen hilft, um die Bande des Neuankömmlings mit der Erde zu stärken. Es ist schön und wichtig, dass immer mehr der Geburtsvorgang auf den harmonischen Fluss der Kräfte ausgerichtet wird und auch die Nabelschnur erst abgeschnitten wird, wenn sie von sich aus anzeigt, an welcher Stelle und wann sie durchgetrennt werden möchte. Erst wenn sich die Nabelschnur zusammenzieht, was sie genau an der richtigen Stelle tut, wenn man sie lässt, hat sie auch aus den feinstofflichen Ebenen die notwendige Energie geholt, um gestärkt zu sein. Der Übergang wurde für diesen Bereich somit vollständig durchgeführt. Wird sie zu früh abgetrennt, sieht man die energetischen Verbindungen wie gerissene Drahtseile in der Luft hängen, und es dauert einige Zeit, bis diese Störung wieder beseitigt wurde. Im ungünstigsten Fall erfolgt bereits hier die erste dauerhafte Störung.

Es ist erfreulich zu sehen, dass die Geburtserfahrungen langsam dazu geführt haben, aus den willkürlichen Strukturen herauszutreten, welche selbst den Zeitpunkt und die Trennungsstelle bestimmen wollen, und diesen Vorgang wieder der natürlichen Ordnung zu überlassen.

Ebenso sollte sich die Plazenta noch eine gewisse Zeit innerhalb der mütterlichen und kindlichen Aura befinden, damit auch hier die starken persönlichen Energieströme aus der Materie abgezogen und von den jeweiligen eigenen Energiefeldern übernommen werden können. Meist wird aber dieses hochkonzentrierte Organ zur weiteren Nutzung sofort entfernt, ohne dass die eigentlichen Eigentümer Kenntnisse über den Verbleib erhalten und auch nur annähernd eine dankbare Verabschiedung vorgenommen werden konnte. Für die Anpassung der Seelenteile ist dies nicht so dramatisch, jedoch würde das Energiesystem davon profitieren, ebenso der Kontakt zu den geistigen Kräften, die das weltliche Geschehen für diesen Bereich formen und leiten.

Die körperlichen Vorgänge unterliegen einem geordneten und sorgfältig ausgearbeiteten System und werden von speziellen feinstofflichen Wesenheiten behütend geleitet. Es ist überaus segensreich, sich in Harmonie mit diesen Lichtwesen zu bewegen und so ein tieferes inneres Verständnis der energetischen Weltgesetze zu erhalten. Der Volksmund sagt: »Die Erde wird sich zu helfen wissen!« Dies zeugt von der Erkenntnis, dass hinter allem Geschehen eine intelligente geistige Führung wirkt, die den Missbrauch ihrer Wirkungsebene, in Form liebloser Angriffe und Zerstörungen auf dem Planeten Erde, ab einem gewissen Zeitpunkt nicht mehr hinnehmen kann. Ebenso ist es mit den verschiedenen energetischen Führungskräften, die im Geistigen wirken. Es kann kein Zweifel an ihrer Existenz bestehen. Sie sind die wahrhaften Hüter allen Lebens. Ein Leben, das in Harmonie ausgerichtet ist, kann wunderbar und zu beidseitigem Nutzen gestaltet werden.

Wird nun der kleine Erdenbürger im ersten Lebensjahr in Liebe angenommen und seinen Bedürfnissen Rechnung getragen, werden die nächsten sich inkarnierenden Seelenbereiche sich gut anpassen, und das Bewusstsein beginnt sich zu entfalten. Mit drei Jahren wird sich der junge Mensch dann immer mehr seiner selbst bewusst, und der Reifeprozess nimmt seinen Weg. Um eine Seele für das Erdenleben energetisch bestmöglich vorzubereiten, wäre eine Familie mit zwei Kindern die optimale Voraussetzung, da zwei Kinder von den elterlichen Energiefeldern im Sinne der Aufmerksamkeit und der seelischen Versorgung ausreichend unterstützt werden können. Jedes weitere Kind und somit dann auch die beiden Erstgeborenen könnten nicht mehr mit genügend Stärke und Schutz bedacht werden. Solange das einundzwanzigste Lebensjahr noch nicht erreicht und die vollständige Integration der Seelenteile einer Persönlichkeit noch nicht erfolgt ist, wird das Energiesystem von den Eltern oder den Menschen ausgeglichen und versorgt, denen die junge Seele anvertraut worden ist. Eine Familie mit zwei Kindern wäre somit ideal, jedoch gibt es durchaus noch andere Möglichkeiten für eine Seele sowie deren Führung, zu der notwendigen Energie zu gelangen, wenn dieses optimalen familiären Voraussetzungen nicht vorhanden sind.

Während der Zeit, in der die Seelenteile der neuen Inkarnation noch nicht vollständig in einer jungen Persönlichkeit eingegliedert sind, kann sie auch von ihrem höheren Selbst noch nicht genügend unterstützende Energie erhalten, die sie für ihre Entwicklung benötigt, da der Zugang in die höheren feinstofflichen Ebenen noch nicht ausgebildet ist. Die Persönlichkeit ist noch zart und verletzlich, was im allgemeinen allen Menschen vertraut ist, die Kinder behütet und beschützt haben.

Gewisse Energiemängel kann eine junge Persönlichkeit durchaus ausgleichen, ab einer gewissen Stärke ist dies jedoch nicht mehr möglich, und die ersten schwierigen Situationen werden sich einstellen, die sich dann durch das ganze Leben ziehen können.

Um das System der Energie-Übertragung besser verstehen zu können, sollte man sich bewusst machen, dass jegliche Zuwendung, jegliches Lob, jegliches Beobachten und sich mit dem Kind beschäftigen bereits eine Energieübertragung darstellt. Selbst die Gedanken, ob das Kind alles hat und gut versorgt wird, sind für die sich entwickelnde Seele als Energie fühlbar, die sie dankbar annimmt. Diese Energie wird von ihr als Kraft oder Schutz verwertet. Verfügt ein Kind über ein gewisses Maß an Energie und hat es bereits Vertrauen entwickelt, dass es nicht nur leiblich, sondern auch energetisch versorgt wird, kann es durchaus auch eine kurze Zeit des Mangels überwinden, ohne danach in eine gefühlsmäßige Situation zu geraten, die den Mangel krampfhaft ausgleichen will.

Leider hat sich bei vielen Menschen unserer Zeit eine Situation des Mangels eingestellt. Entweder mussten die Eltern selbst um das Überleben kämpfen oder die äußerlichen Umstände ließen ein optimales Energieniveau einfach nicht zu. In solch einem Fall kann es durchaus sein, dass ein Kind auch viel Unfug unternimmt, herumkaspert oder Dinge anstellt, einfach nur um Aufmerksamkeit zu erregen. Egal ob die Aufmerksamkeit aus Ärger oder Zuwendung besteht, letztendlich ist beides Energie, welches von der jungen Seele als energetische Kraft verwertet wird. Sehr häufig trugen bereits die Eltern das gleiche Problem in sich und können somit eine Änderung für ihre eigenen Kinder nur schwer erreichen.

Bei dieser Energieproblematik darf allerdings nicht vergessen werden, dass es durchaus auch Altlasten aus früheren Inkarnationen sein können, die eine Seele stets in der Außenwelt nach Energie suchen lassen oder der Persönlichkeit diesen Weg zur inneren Energiefindung als Reifeprozess vorgeben.

So prägen sich die vorhandenen Seelenteile dergestalt, dass sie, auf welche Art auch immer, auch im späteren Leben in der Außenwelt nach Energie suchen, bis sie gelernt haben, dass sie alle benötigte Energie aus ihrem eigenen Inneren gewinnen können, nämlich in der Verbindung zu den höheren Energieebenen. Sie sind somit auf die Energielieferung aus der Außenwelt nicht mehr angewiesen.

Auch bei der Beobachtung der eigenen Person geschieht es häufig, dass man immer wieder erkennt, dass bestimmte Teilbereiche sich noch über Mitmenschen ihren Energieausgleich holen wollen; mit einem Schmunzeln sollte man dann liebevoll mit diesem Thema umgehen.

Da das Erziehungssystem auf diesem Planeten sich erst in diese Richtung zu verändern beginnt, ist manchen Menschen gar nicht bekannt und bewusst, wie wichtig die energetische Grundversorgung für eine Persönlichkeit ist, um im späteren Leben mit einem großen Maß an Vertrauen und Sicherheit das Leben bewältigen zu können. Sehr häufig zieht sich der Mangel und somit die Suche nach Energieaufnahme über die Mitmenschen und die Außenwelt bis ins hohe Alter durch. Auf einer unbewussten Ebene vollziehen sich die Vorgänge dauerhaft, gehen in Gewohnheiten über und können kaum mehr registriert und erkannt werden. Selbst die Umwelt akzeptiert solch ein Vorgehen irgendwann und stempelt diesen Menschen einfach als anstrengend oder extrem selbstbezogen ab. Wird aus irgendwelchen Gründen solch eine Energieaufnahme durch die Umwelt nicht mehr vollzogen, etwa mit Lob und Anerkennung über die berufliche Arbeit oder mit Tätigkeiten für den Freundes- oder Familienkreis, bricht ein Bereich des persönlichen Energieversorgungssystems zusammen. Da noch nicht gelernt wurde, die Energien über das eigene Wesen, über die eigenen Seelenbereiche aus den feinstofflichen Ebenen zu erhalten, entsteht sofort eine Unterversorgung, die manchmal mit Kapitulation endet.

Angenommen ein Kind hat für die Burgen, die es mit Bauklötzen gebaut hat, oder für die Bilder, die es gemalt hat, nie oder nur selten ein Lob oder eine Anerkennung bekommen, wird sich sehr bald das Gefühl der Selbstzweifel einschleichen oder das Kind sagt sich, dass es wohl seine Sache einfach nicht gut genug gemacht hat. Schon entsteht der erste Schatten in der Gefühlswelt, und ein Ungleichgewicht stellt sich ein. In der Aura sieht man diese ersten energetischen Zusammenziehungen meist oberhalb des Herz-Zentrums oder des Solarplexus-Chakras. Das Kind wird nun versuchen, seine Bilder besonders schön zu malen und wird vermutlich besonders oft zu den es umgebenden Menschen gehen, um gelobt zu werden und in seiner Lebensberechtigung anerkannt zu werden. Erntet es nun wieder dauerhaft keine Anteilnahme, entsteht, wie es leider sehr oft der Fall ist, das genaue Gegenteil. Da niemand Zeit hat und der energetische Sog, der von dem Kind ausgeht, im Alltagsstress als nicht erfüllbar angesehen wird, fühlt sich das Kind ungeliebt, das Vertrauen wird gestört und ein Energiemangel stellt sich ein. Meist entwickelt der Mensch, der eigentlich dem Kind Zuwendung, Lob und Anerkennung als Lebensenergie abgeben sollte, eine energetische Mauer der Ablehnung und drängt somit das Kind noch weiter zurück. Im Lebenskampf und Stress wird in solchen Situationen oftmals sogar eine gewisse Furcht empfunden, da geglaubt wird, man habe nicht genügend Kraft, um sie auch noch abgeben zu können und die Energie würde nicht reichen, um im weltlichen Existenzkampf selbst ausreichend versorgt zu sein. So bleibt also der Kreislauf einer Energieunterversorgung erhalten und wird auf die nächste Generation übertragen.

So würden manchmal schon kurze Momente der Aufmerksamkeit ausreichen, da das Kind vielleicht nur die Weihnachtskugel anschauen möchte, an die es alleine nicht herankommt, was durch eine kleine Zuwendung durchaus aus der Welt geschafft werden könnte. Schon ist das Kind wieder zufrieden, da es noch nicht in der Lage ist, geduldig zu sein, wie das von einem Erwachsenen gefordert wird.

Als weiteres Beispiel lässt sich so manche Gesprächsrunde betrachten. In einem energetisch gut ausgewogenen Gespräch sieht man deutlich, wie die Energie von einer Person auf die andere übergeht, wenn auf ein gemeinsames Ziel hin und in Achtung für den Partner gesprochen wird. Dann wird dem Sprecher von den anderen Teilnehmern Aufmerksamkeit entgegengebracht, also Energie, die diesem wiederum hilft, seine Intuition zu entfalten und eine geistige Verbindung herzustellen, die eine Nähe zu den führenden Lichtwesen ermöglicht, von denen seine jeweiligen Aussagen inspiriert werden können. Dann hört er sich vielleicht Dinge sagen, über die er als Person selbst erstaunt ist. Es wird somit das Energieniveau erhöht und die Person hat es auch nicht nötig, ihre Aussagen mit Lautstärke und Druck zu untermalen, sondern sie lässt die Worte im Raum stehen, im Wissen, dass sie mit Sicherheit zumindest seiner Wahrheit entsprechen und die anderen Gesprächsteilnehmer ohnehin machen und denken dürfen, was sie für richtig halten.

Sind nun die Ausführungen des Redners beendet, sieht man die Energie zu einem anderen Teilnehmer der Gesprächsrunde wechseln, was dieser in seinem Inneren genau spürt und als Impuls für die Gesprächsübernahme ebenso wahrnimmt wie die anderen Teilnehmer, da sie an einer gemeinsamen und für alle sinnvollen Weiterführung teilhaben. So richtet sich nun die Aufmerksamkeit aller auf den neuen Sprecher und unterstützt diesen wiederum energetisch in seinen Ausführungen. Ruhen alle Teilnehmer in sich und sind somit in der Lage, auch auf das Umfeld zu reagieren, wird jede Person registriert und angenommen, die etwas zu sagen hat - und das Gespräch vollzieht sich in einem ausgewogenen Verhältnis. Bislang liefen solche Prozesse meist unbewusst ab. Erst allmählich ist zu der energetisch vorteilhaften Situation auch die Achtung und der Respekt hinzugekommen, den jeder Mensch für seinen Mitmenschen aufbringen sollte. Im Wissen darum, dass die Wahrheit den anderen nie lautstark aufgedrängt oder gar mit lauten Worten ständig die Aufmerksamkeit an sich gerissen werden muss, darf jeder Mensch seine Wahrheit für sich finden und sollte aus eigener Erkenntnis zu dieser gelangen. Mitmenschen, die ihren derzeitigen Erkenntnisstand als die vollendete Erleuchtung betrachten, haben ohnehin meist mit ihrer Entwicklung abgeschlossen, da sie ja glauben, bereits am Ziel zu sein und alle Wahrheit schon erkannt zu haben. Es ist reine Energieverschwendung und letztendlich ein Herabsteigen auf das gleiche Niveau, auf dem diese Besserwisser sich bewegen, wenn man versuchen würde, solche eingefahrenen Meinungen mit großem Energieaufwand zu verändern. In der Aura sind festgefahrene Linien und Verankerungen zu erkennen, die eine Person festhalten, anstatt sie zu befreien, und blockieren, anstatt sie zu weiteren Erkenntnissen aus den intuitiven Ebene gelangen zu lassen. Hier bleibt nur die Hoffnung, dass der Mensch bald von diesen starren Mustern ablassen kann.

Sehr deutlich wird ein Aufmerksamkeitsentzug und somit ein Energieabzug immer dann, wenn in einem Gespräch, in dem man jemandem etwas erzählen möchte, der Inhalt der Erzählung vom Gegenüber eigentlich nur dazu hergenommen wird, um so selbst etwas zu erzählen, was er zu diesem Thema bereits erlebt hat. Das Gegenüber ist somit gar nicht in der Lage einmal zuzuhören, sondern ist sogleich damit beschäftigt, selbst seine Probleme darüber zu artikulieren, über jemanden zu schimpfen oder den anderen auf sein Niveau zu bringen. Es wird somit die Aufmerksamkeit sofort auf sich richten, um im Mittelpunkt zu stehen und alle Energie auf sich ziehen zu können.

So möchte eine Frau ihrer Bekannten erzählen, dass sie derzeit mit den Bevormundungen ihres Mannes nicht zurecht kommt. Sie benötigte eigentlich Unterstützung, erhält aber weder Anteilnahme und somit etwas energetische Stärkung, noch kann sie weitersprechen, da die Bekannte sofort von ihren Problemen zu reden beginnt und alle Aufmerksamkeit auf sich zieht. In der Aura sieht man deutlich, wie das Gegenüber alle Energieströme auf sich lenkt, und durch die Öffnung, die die zuerst erzählende Frau durch die Darlegung eines Gefühlszustandes in ihrer Aura zugelassen hat, wird mehr Energie abgezogen als diese ausgleichen kann. Manchmal werden Menschen auch direkt dazu ermutigt, über ihre Probleme zu sprechen, da dies ihr Energiefeld öffnet und das Gegenüber das entstandene Kraftfeld für die eigenen Zwecke übernimmt. So wird nicht geholfen, sondern der sich Öffnende fühlt sich danach leer, energetisch ausgesaugt und verletzt, was zum Teil auch zutreffend ist, da die energetische Lücke und der Energieverlust oft sehr groß sind. Um nicht unhöflich zu sein, lässt man solch ein Vorgehen häufig geschehen oder weiß gar nicht so recht, was hier eigentlich vor sich geht. Man fühlt sich danach einfach nur schlecht.

Es wird nicht immer dieses Ausmaß annehmen, jedoch können bereits kleinere persönliche Ausrichtungen, die ihre Energie im Äußeren suchen, den Menschen beeinflussen und ihn taub machen für das tatsächliche Geschehen in seinem Umfeld. Auch wenn man sich selbst noch so gut beobachtet, wird es wohl immer wieder einmal geschehen, dass man seinem Gegenüber ins Wort fällt oder ihm sofort erzählen möchte, dass man das auch schon erlebt hat. Dann sollte man sich mit einem Lächeln und viel Verständnis für die wirkenden Kräfte der Situation bewusst werden und diesen Mangel mit der notwendigen persönlichen Zuwendung und Erklärung energetisch ausgleichen.

Wie stark Energiezwänge wirken, kann man auch an folgendem Beispiel gut erkennen. Ein Ehemann und Vater, der eigentlich sehr gut zu seiner Familie ist, verursacht, wenn die Familie am Sonntag mit dem Auto unterwegs ist und er den Autoschlüssel hat, immer eine Art Streit, damit die Abhängigkeitssituation, in der sich die Familie für die Heimreise in diesem Moment befindet, voll ausgekostet werden kann. Hier ernährt sich ein bestimmter Bereich in diesem Mann von der Angst und der Abhängigkeit seines Umfeldes.

Derselbe Mann sollte einmal einen Nikolaus spielen. Es war fest vereinbart und deshalb gab es natürlich keinen Ersatz-Nikolaus, über den die Kinder sich freuen konnten. Die Frau musste ihren Ehemann dann geradezu beknien und anflehen und ihm somit sehr viel Energie übergeben, damit er für die eigenen und die Nachbarskinder den Nikolaus spielte. Dies ist ein sehr unangenehmer Zug, der dem Ehemann aber gar nicht bewusst geworden wäre, hätte die Frau nach der Nikolaus-Geschichte nicht einen gewaltigen Streit vom Zaun gebrochen, da sie solch ein Vorgehen nicht mehr länger tolerieren konnte. Hier zeigten sich in diesem Fall dunkle, greifende Energien in der Aura, die von dem Ehemann ausgingen und Energieströme aus dem Solarplexus der Frau regelrecht herauszogen. Dies hinterließ Einrisse und höchst ungute Gefühle.

Auch über das Beispiel eines anderen Mannes kann man erkennen, wie dieser sich über eine bestimmte Vorgehensweise immer wieder Energie von seiner Familie holte. Es ergab sich immer wieder die Situation, dass der Mann zum Essen gerufen wurde, aber einfach nicht kam. Je mehr Mitglieder seiner Familie, zum Beispiel am Weihnachtsfest, zusammen saßen, umso länger mussten alle warten. Es wurde ihm somit immer sehr viel Energie und Aufmerksamkeit zuteil, da niemand anfing, bevor er nicht am Tisch saß. Der Umstand, dass die Aufmerksamkeit teilweise auch aus Ärger bestand, war für den Energieausgleich des Mannes unerheblich, solange die Energie ihm zu floss.

Dieses Beispiel mag sich zwar einfach anhören, es zeigt aber eine verborgene, sehr einflussreiche Energiestruktur, die inzwischen selbstständig wirkt und diesen Mann selbst in den jenseitigen Ebenen immer noch in dieses Vorgehen hineinführt und ihn diese Situation immer wieder wiederholen lässt. So glaubt man oft, manche alltägliche Gegebenheiten seien nicht so schlimm oder es geschehe doch nichts wirklich Böses; doch hier werden Strukturen aufgebaut, die so stark und eigenständig sein können, dass diese aufgebauten Gedankenformen sich nicht mit dem leiblichen Tod auflösen, sondern mitgenommen und in einer feinstofflichen Ebene mühsam aufgelöst werden müssen. Immer und immer wieder wiederholen sich diese Zwänge, immer wieder wird der gleiche Vorgang gefühlt und erlebt. Dies kann eine sehr belastende Erfahrung des persönlichen Fegefeuers sein.

Es wäre eine immense Befreiung, wenn auf diesem Gebiet mehr erkannt und gelöst würde und diese Selbsterkenntnis ein Weiterschreiten aus der Ich-Umkreisung zuließe. So könnten noch unausgerichtete Gedanken- und Emotionsfelder verwandelt werden und die ungetrübte Wahrnehmung der Geschehnisse des Alltags würde weiter aufgebaut und gestärkt. Es läge keine Beherrschung des Verhaltens durch eigene unerlöste Energiefelder mehr vor, und aus dem Geistigen ankommende Impulse könnten deutlicher wahrgenommen werden.

So kann die Ursachensuche im eigenen Verhalten und die persönliche Beobachtung zu einem großen Schritt in der geistigen Entwicklung führen. Dies lässt sich zum einen erreichen, indem am persönlichen Verhalten gearbeitet wird und zum anderen durch eine Meditationsübung, bei der mit der rechten Hand auf der Stirn und der linken Hand zuerst über dem Bauchnabel, dann über der Magengegend und dann über dem Herzen die Energien und Seelenteile angesprochen werden, die in der Kindheit ungenügend oder gar nicht integriert worden sind, um durch diesen Kontakt eine gefühlsmäßige Verbindung aufzubauen. Nur wenn man in die Gedanken und Gefühle hineingeht, können die Zugänge zum »Programm« erreicht und verändert werden. Mit der Bitte um

Angleichung der Seelenteile und der energetischen Verbindung kann das Geschehen der geistigen Führung übergeben werden, die dem Menschen immer zur Seite steht. Vielleicht wird in diesen Momenten der Angleichung eine gewisse Unruhe empfunden oder ein Unbehagen, was mit den anhängenden Gefühlen an die bisher nicht angepassten Seelenteile zusammenhängt. Sie konnten das bisherige Entwicklungsniveau nicht in der gleichen Form erreichen und sind noch mit unguten Ausrichtungen behaftet. Liebevoll sollten diese Energiefelder angenommen werden.

Nachdem sich das vielleicht aufgewühlte Energieniveau wieder etwas beruhigt hat, legt man die geöffneten Handflächen aufeinander und führt sie zur Herzgegend. Hier unterstützt jenes Energiefeld, welches Maria, der Mutter Jesu, zugeschrieben wird, den Vorgang und vereinigt die Energiefelder. Mit Worten des Vertrauens und der liebevollen Annahme können die Teilbereiche bewusst angesprochen und zur Harmonisierung und Ausheilung gebracht werden. Mit dem aufrichtigen Wunsch an die höheren Führungskräfte kann um weitere Unterstützung gebeten werden, damit auch ausströmende Energie, die durch die bisherige Öffnung des Aura-Feldes verbraucht wurde, umgebaut und verändert und somit zur eigenen Person zurückgeführt werden kann. So wird auch für die neu aufgenommenen Seelen-Teilbereiche die Versorgung aus höheren Ebenen vollzogen, und die Teile können in Ruhe und Ausgeglichenheit der Persönlichkeit weiterhin zur Seite stehen und nicht selbst noch viel Aufmerksamkeit verbrauchen und somit letztendlich dem Weiterkommen im Wege stehen.

Allerdings nützt es der Persönlichkeit wenig, sich mit den allerhöchsten Energieebenen zu verbinden, wenn in den körpernahen Bereichen große Energielücken vorhanden sind und abgespaltene Seelenteile und deren Auswirkungen große Mengen an Energie verbrauchen und die Person stets in ihre Ausrichtung drängen möchten.

Sehr viele Menschen sind auch vielfach damit beschäftigt, sich mit den Problemen von anderen Menschen auseinander zu setzen. Sehr oft aus Angst davor, sich selbst sehen zu müssen und manchmal auch, weil fremde Kräfte über Teilbereiche dem Menschen vormachen können, dass er doch schon alles in Ordnung gebracht hat und besonders gut ist. So können sie die Verarbeitung und somit Loslösung verdrängen und verdecken. Es wird dann über andere geurteilt, das Aufräumen der eigenen Person aber vergessen. Wird es tatsächlich versäumt, ist die Erkenntnis in den jenseitigen Ebenen manchmal erschreckend. Hier ist der Ausspruch: »Du sollst erst vor deiner eigenen Haustüre kehren!« absolut angebracht. Denn es gibt im Grunde gar nichts mehr zu verurteilen, wenn man merkt, wie viel man selbst noch zu arbeiten hat – und mit der eigenen Erkenntnis kann das Verständnis für den Mitmenschen im eigentlichen Sinne erst aufgebaut werden.

IX.

BINDUNGEN AN WELTSTRUKTUREN

Auch wenn die Gesetze der Erde für das Erdenleben gelten, können die energetischen Verknüpfungen dennoch so stark werden, dass sie weit hineinreichen in das seelische Geschehen und eine Seele mitunter auch nach dem Leibestod noch stark zu binden vermögen. Es sind bei dieser Betrachtung nicht nur die Gesetzesfelder gemeint, die auch in der geistigen Welt ihren Bestand haben, wie Ehrlichkeit und Treue oder das Gebot »Du sollst nicht töten«, sondern auch die ausschließlich auf der Erde wirkenden Felder, wie das Verkehrswesen oder das Staatswesen, die tatsächlich, wie das Wort deutlich aussagt, eigenständige Wesenheiten darstellen und aufgebaut sind aus unglaublich vielen Seelenteilen und Energien. Auch hier erleben wir wieder die verborgene Tiefe der Sprache, die oft nicht beachtet wird, obwohl sie so viel auszusagen hätte.

Sehr intensiv leben sich solche Verknüpfungen bereits im täglichen Leben aus. Sie behindern bei einem unguten Zusammenwirken zum einen die Seele in ihrer freien Entwicklung und beeinflussen zum anderen die Persönlichkeit, was eine große Blockade in der Weiterentwicklung auslösen wird. Einige geistige Felder sind zuweilen auch große Hilfen für das Erdenleben und dienen manchen Seelen als Halt und Orientierung, jedoch sollte die Persönlichkeit innerhalb dieser Felder frei schwingen können, und sie sollten nicht in der Lage sein, die Kontrolle zu übernehmen.

Kann eine Persönlichkeit ungute Bindungen in jugendlichen Jahren mit dem notwendigen Kraftaufwand noch ausgleichen, werden sie spätestens dann dem Menschen ihre Stärke zeigen, wenn die persönlichen Kraftfelder nachlassen und die Körperenergie schwächer wird. In der Aura sieht man dann deutlich die eindringenden Energiestrukturen, die nun scheinbar rechtmäßig einen Ausgleich fordern und damit auch der Persönlichkeit die Möglichkeit geben, sich in Liebe wieder davon zu lösen oder sogar mitzuhelfen, solche Felder aufzulösen und zu reinigen.

Je stärker nun diese Einflüsse sind, umso intensiver dreht sich im Alter das tägliche Geschehen immer wieder um diese Felder. Nicht zu unterschätzen ist der bereits in jungen Erdenjahren bestehende Kräfteraub und Energieverbrauch bei der Verdrängung solcher Verbindungen und den in der Folge meist unbewussten Vorgehensweisen dieser Felder.

Nehmen wir als erstes Beispiel das Verkehrswesen. In Deutschland und der Schweiz ist dieses Wesen sehr straff und engmaschig aufgebaut, in Italien oder Spanien dagegen lockerer, und dort übt es keinen großen Druck auf die Menschen aus. Dieses Energiefeld wurde von Menschen mit entsprechenden Gedankenformen und Emotionen aufgebaut und enthält zum Teil viele verschiedene Seelensubstanzen und eine große Menge an potenzierter Energie, die das Feld immer wieder aufnehmen möchte, um sein Energieniveau aufrechtzuerhalten. Natürlich wird es täglich gespeist und auch akzeptiert, da es in gewisser Weise dem Menschen dient und dafür sorgt, dass ein geordnetes Miteinander im Verkehr möglich ist. Somit ist dieses Wesen nicht auf Energieraub aus, sondern leistet seinen Dienst, für den es geschaffen wurde.

So wird zum Beispiel ein aggressiver Fahrer, der ständig die Geschwindigkeitsregeln übertritt, rote Ampeln überfährt und sich kaum an die aufgestellten Regeln hält, mit Sicherheit zu gegebener Zeit vom Verkehrswesen zur Rechenschaft gezogen werden. Ganz unangenehm wird es für einen Menschen, wenn er diese Übertretungen mit der Energie der Verachtung begeht. Eine Verachtung oder gefühlsmäßige Demütigung und Herausforderung lässt sich diese Energieeinheit nicht gefallen, und sie wird mit einer entsprechenden Neuausrichtung für diese Persönlichkeit beginnen.

Eine Weile werden zum Beispiel immer wieder vorkommende kleinere Übertretungen hingenommen, wenn sie nicht mit böser Absicht geschehen, aber in der Folge gibt es mit Sicherheit die ersten Hinweise. Dies können Vorfälle sein, in denen der Mensch ganz knapp einem Unfall entgeht, leicht angefahren wird oder Strafzettel erhält. Sobald der Mensch in Reibung mit solch einem Wesen ist, muss diese Unebenheit wieder ausgeglichen werden. Deshalb ist es sehr sinnvoll, seine Gefühle und die eigene Vorgehensweise zu überprüfen. Meist ist schon der Fall eingetreten, dass bestimmte Vergehen durch das Wissen der eigenen »Schuld« in der Aura der betroffenen Person – durch das Zusammenziehen von emotionalen Energien – gespeichert sind und das eigene Wesen selbst hier eine Befreiung sucht.

Aus diesem Grund ist es absolut sinnvoll, seine Fahrweise zu überprüfen und darauf zu achten, ob bestimmte Vorfälle nicht Hinweise sind, dass mit dem ordnenden »Energiefeld Verkehrswesen« eine Ungereimtheit besteht. Sich Zeit zu nehmen und in Ruhe die Vergangenheit zu durchdenken, kann hier sehr sinnvoll sein. Bestimmt werden bei der Betrachtung dieser Energiemuster einige Geschehnisse auftauchen, die dann zur Auflösung gebracht werden können. Es kann ein energetischer Kontakt zum »Verkehrswesen« aufgenommen und um Harmonisierung und Verzeihung gebeten werden, ebenso mit jenen Menschen, mit denen vielleicht die Situation geschehen ist.

Befindet sich der Mensch in gefühlsmäßiger Harmonie mit dem »Verkehrswesen« und akzeptiert er dessen Existenz und Berechtigung, kann ein friedliches Miteinander bestehen und kleine Übertretungen werden auch einmal mit einem Schmunzeln hingenommen.

Verharrt ein Mensch aber im Hochmut und dünkt sich über die Regeln dieser Wesen erhaben, wird er von seinem »hohen Ross« heruntergeholt, und es fällt den geistigen Helfern mitunter schwer, dieser Person beizustehen, da sie sich selbst so tief »hineingefahren« hat.

Ein sehr intensives Feld der Überwachung ist zum Beispiel das frühere »Staatswesen« eines noch vor kurzem kommunistischen Landes. Dieses *Wesen* ist auf absolute Unterwerfung und Macht ausgerichtet und hat ausschließlich das Ziel, alle seine »Untertanen« zu überwachen, in seinem Energiefeld zu halten und niemanden herauszulassen. Überall in der feinstofflichen Ebene dieses Landes sieht man Energiestrukturen, die wie übergroße Überwachungsaugen das gesamte Feld überschauen wollen. Dieses Feld hatte es besonders schwer, auch nur ansatzweise seine Auflösung zu akzeptieren. Es wollte immer weiter das Programm verwirklichen, zu dem es ja auch geschaffen worden war, von Menschen, die Macht sowie Herrschaft und Kontrolle über die Mitmenschen ausüben wollten. Sehr lange und bis heute benutzt es immer wieder Menschen, um zu versuchen, sich in seiner Energie zu erneuern und aufrecht zu erhalten. Die Vermischung mit den offeneren westlichen Wesenheiten und Energien konnte dieses Wesen kaum annehmen und hatte ebenfalls große Probleme, mit diesem fremdartigen Feld umzugehen. So entstanden zwischen den Menschen Reibungspunkte und Schwierigkeiten, die mit den Menschen selber gar nichts zu tun hatten, denn es waren die Staatswesen, die schwer miteinander existieren konnten. Dieses frühere kommunistische Staatswesen hat in der Folge versucht, in die neuen Regierungsebenen einzudringen, was ihm sogar teilweise gelungen ist.

Wichtig ist auch hier, sich nicht mit solch einem Wesen anzulegen oder gar einen gefühlsmäßigen, also energetischen Krieg auszutragen. Der einzelne Mensch würde bei solch einem Energiefeld nicht durchkommen und hätte mit immensen Kraftakten zu kämpfen. Die Neuausrichtung auch für dieses Wesen ist Erkenntnis und Liebe, im Wissen, dass dieses Wesen von Menschen geschaffen wurde, zum Teil deren Seelensubstanz enthält, aufgebaut mit vielen Gedankenformen und Emotionen, und seinem Programm dient. Hier ist eine Programmänderung angesagt; und wenn eine genügend große Anzahl von Menschen sich diesem Wesen geöffnet und dessen innere Programme und Ausrichtungen durchdrungen hätten, wäre eine Auflösung möglich gewesen und eine Rückführung der innewohnenden Seelenteile. Viele Probleme und zwischenmenschliche Belastungen wären so vermeidbar gewesen. So viele Probleme könnten umgangen werden, wenn bestehende Energiestrukturen bewusst aufgelöst würden und sie nicht mühsam und mit Schmerzen abgetragen und neu ausgerichtet werden müssten. Das bewusste Auflösen solcher Felder könnte im Zusammenwirken mehrerer Menschen geschehen. Zum einen mit Menschen, die innerhalb des Wirkungsfeldes einer solchen Einheit gelebt haben, zum anderen mit Menschen, die mit den Energiefeldern umgehen und die Impulse zur Auflösung aus den geistigen Ebenen empfangen können. Dazu wird ein energetischer Kontakt zu diesem »Staatswesen« aufgebaut, dessen inneres Programm geöffnet und mit der entsprechenden Neuausrichtung geprägt. Die dieser Einheit innewohnenden Seelenteile von den Menschen, die dieses Feld mit geschaffen haben, würden gelöst und ihnen zurückgegeben und mit Hilfe der geistigen Welt die Restenergien dieses »Staatswesens« aufgelöst.

Auch das Feld aus der Nazi-Zeit ist weiterhin sehr stark und sucht immer wieder vor allem junge Menschen, die noch mit karmischer Kriegslast behaftet sind, um sie in seine Ausrichtung zu bekommen. Es wird so einem Menschen dann vorgemacht, wie stark er würde, wenn er sich den Kriegshandlungen hingäbe, mit den Energien, die sich um eine Waffe befinden, aufgeladen, um stärker zu werden und sich mächtig und den anderen überlegen zu fühlen. Das Gefühl der Macht wird immer wieder suggeriert. Das Feld der Gemeinsamkeit und Geborgenheit innerhalb dieser Kriegslüsternheit und scheinbaren Überlegenheit wird dem Menschen vorgegaukelt. Auf einer Suche, die eigentlich nach mitmenschlicher Liebe verlangt, versuchen solche irregeführten Menschen dann, ihren Mangel an Selbstvertrauen und dem Gefühl, auch geliebt zu werden, auszugleichen mit dem Aufflackern kurzer Machttrunkenheit, die sich doch immer wieder verflüchtigen muss.

Es wäre mit Hilfe ihrer geistigen Führung für eine bestimmte Anzahl von Menschen wiederum nicht schwer, mit solchen bestehenden Feldern umzugehen. Zu Beginn des Kontaktes wäre die volle Wucht der Ausrichtung solcher Einheiten zu spüren, aber mit der Zeit wäre eine tiefere Begegnung möglich. Sobald die Hälfte eines Feldes abgebaut und neu ausgerichtet ist, kippt die Eigenständigkeit, und die weitere Auflösung geht bedeutend ruhiger einher.

Dies konnte man deutlich bei den Frauenbewegungen im Westen sehen, die am Anfang ihrer Tätigkeit noch radikal und lautstark vorgegangen waren, um das Unterdrückungsfeld für die Frauen überhaupt aufzubrechen, und erst in der Folge des Erreichten konnte es wieder ruhiger werden. Die Frauen, die nach dieser ersten rauen Zeit für die Selbstständigkeit und Unabhängigkeit eintraten, hatten es schon etwas leichter, wenngleich immer noch vieles der Verbesserung bedarf.

Insgesamt ist der Mensch nicht den bestehenden weltlichen Strukturen ausgeliefert oder darf gar nur das tun, was ihm die Gesamtheit der Gesetze und Vorschriften zulässt. Der Mensch ist absolut frei, wenn er sich in der Liebe und in Harmonie befindet und in Respekt vor seinen Mitmenschen und den Richtlinien dieses Planeten. So schwingt er im Schöpferwillen und muss sich auch keine Gedanken machen oder sich gar in ewiger Sorge befinden, ob er auch richtig handelt, nicht mit den Gesetzen in Konflikt kommt oder irgendwelche unguten Verbindungen eingeht. Befindet sich der Mensch im Strom der Herzenergien, wird ihm sofort gefühlsmäßig gezeigt, wenn Ungereimtheiten oder belastende Verbindungen auftauchen, und Ausrutscher werden schnell verarbeitet. Die persönliche Führung ist stets bestrebt, dem Menschen aufzuzeigen, wo noch Bindungen bestehen oder Lasten, die das Energiefeld beeinflussen und den freien Fluss der Kräfte nicht zulassen. Dies ist mit ein Grund, warum die Freiheit von all diesen Feldern so wichtig für einen klaren Kopf und eine freie Entfaltung der Schöpferkräfte ist. Dies erfordert eine bewusste Aufmerksamkeit für die inneren Empfindungen, über welche die geistige Führung stets Informationen übermittelt. Schwingt der Mensch in Harmonie und ist frei, wird er auch nicht beeinflusst, und seine Aura entfaltet sich im freien Fluss seiner Aufgaben und intuitiven Wahrnehmungen.

So kann zum Beispiel ein Mensch, wenn er das erste Mal in eine bisher unbekannte Stadt kommt, das dort bestehende Energiefeld begrüßen, denn die jeweiligen Landschaften oder Gebiete haben alle ihre dort wirkenden Felder und Wesenheiten. Möchte man einen Berg besteigen, kann liebevoll das dortige Wesen angesprochen und ruhig um die Erlaubnis gebeten werden, seinen Bereich in Liebe und Freundschaft betreten zu können. Leider sind viele Bergsteiger gar nicht darauf aus, sich mit der dortigen Naturenergie zu verbinden oder gar diese zu genießen, sie möchten den Berg »bezwingen«, ihn sich untertan machen, was sich das Bergwesen vielleicht einmal nicht mehr gefallen lässt. So kann es sein, dass ein Mensch, der in Harmonie mit der dort bestehenden Schwingung einen Berg kennen lernt, vielleicht sogar von den dort wirkenden Engeln und Devas vor bestimmten landschaftlichen Gefahren gewarnt wird oder behütet wird vor etwaigen Vorkommnissen. Dann schwingt der Mensch in Harmonie mit den Energiefeldern und kann auch diesen Liebe zufließen lassen oder ihnen sogar bei gewissen Dingen behilflich sein. So wäre es schön, wenn der Mensch nicht immer nur an sich dächte, sondern auch an die ihn umgebenden Wesen und Energiefelder. Schwingt er in Harmonie mit den Schöpferkräften und hört er auf sein Inneres, wird er auch die Informationen aufnehmen können, die ihm das Umfeld mitteilen möchte.

Sehr deutlich zeigten sich die Missstände und Unruhen mit den Berg- und Feuerwesen durch die vielen Tunnelunfälle und -brände, die sich in jüngster Zeit ereigneten. In hochkonzentrierter Zornesenergie wehrten sich diese Einheiten gegen die lieblose Unterwerfungs- und Ausbeutungsenergie der Menschen und zeigten dies durch radikale Maßnahmen, da sie keinen anderen Weg mehr sahen. Nun ist es zwar etwas ruhiger geworden, jedoch hat sich an den Ursachen bislang noch nichts geändert.

Besonders machtvoll sind Bindungen an Gedankenformen, die auf Gelübde aufgebaut sind oder an Religionsgemeinschaften anknüpfen und deren Machtstruktur erhalten sollen. Werden diese nicht gelöst, bleiben sie mitunter mehrere Inkarnationen bestehen und bereiten zahllosen Menschen große Probleme, bis sie erkannt und aufgelöst werden.

So sind manche Ehen, auch wenn sie auf dem Papier geschieden sind, im Geiste noch lange nicht geschieden, da die unbewusste Bindung keine Befreiung zulässt. Es stehen starke Felder dahinter, die ihr Muster aufrechterhalten und eine Veränderung nicht akzeptieren wollen. Mit unangenehmen Auswirkungen fordern diese Einheiten ihre Rechte ein. Doch auch hier ist eine liebevolle Befreiung möglich, indem man den Hintergrund erkennt und die geistigen Kräfte bittet, hier eine Loslösung herbeizuführen. Im Kampf ist eine Befreiung nicht möglich, da die Energien der Aggression und der Ablehnung das bestehende Feld ebenfalls speisen und meist die Verstrickungen und Bindungen verstärken, anstatt sie zu lösen und aufzuarbeiten.

Betrügt zum Beispiel ein Ehemann seine Frau, mag dies der Öffentlichkeit oder dem Wissen seiner Frau nicht zugänglich sein, jedoch wirkt es unausweichlich in den feinstofflichen Energien des Mannes. Unbewusst wirkt immer das Gefühl der Schuld, da er sein Wort gegeben hat, nicht nur den alten Vorstellungen von Ehe, sondern auch seiner Frau. Er hat somit sein Energiefeld mit diesen alten Strukturen verbunden. Bricht er somit das gegebene Wort, entsteht eine mehr oder weniger starke Kerbe im aurischen Feld des Mannes, die er unbewusst immer verbergen will und somit stets Energie aufwenden muss, um diese Information, dieses Wissen zu verbergen. Er ist somit nicht frei und offen, was deutlich sichtbar sein Energiefeld blockiert. Im Geiste weiß seine Frau sowieso Bescheid, da während des Berührens ihrer Auren oder über die geistige Information die Nachricht innerlich empfangen wird. Vielleicht kann die Frau dieses innere Wissen nur als ungutes Gefühl definieren, aber es ist in jedem Fall vorhanden. Somit ist der Mann auch für die energetische Verwirrung verantwortlich, die er bei seiner Frau verursacht, indem er zulässt, dass das Tagesbewusstsein mit den inneren Informationen der Partnerin in Verwirrung gerät.

Tritt nun ein geistiges Wesen in Kontakt mit diesem Mann, wird es sofort die Ungereimtheit und die Blockade fühlen und sehen, da im geistigen Kontakt kein Verbergen möglich ist, wie das in der materiellen »Wirklichkeit« derzeit noch machbar ist. So ist es ein entscheidender Fortschritt, wenn der Mensch sich von all den Feldern löst und seine Seele befreit, so unangenehm sich dies im ersten Moment auch gestalten mag. Löst er die Last nicht mehr in diesem Leben, wird dieser Umstand mitgenommen, und auch die Aussöhnung mit der Frau muss dann in der jenseitigen Welt oder in einer neuen Inkarnation herbeigeführt werden.

Bei der zwischenmenschlichen Offenlegung solcher Vorkommnisse stehen dem Menschen liebevolle Hilfen zur Verfügung. Zum einen unterstützen die persönlichen Schutzengel den Menschen in der energetischen Aufarbeitung, zum anderen können höhere Lichtkräfte gebeten werden, hier helfend mitzuwirken und die notwendigen intuitiven Impulse zu setzen. Die höchsten Lichtwesen werden sich nicht um solche alltäglichen persönlichen Angelegenheiten kümmern, doch stehen dem Menschen immer über das Gebet und die bewusste Hinwendung die Tore zu einer höheren Welt offen. Dies ist aber davon abhängig, dass er seine Kräfte zur persönlichen Entwicklung sowie zur Mithilfe für die Gesamtheit aller Menschen einsetzt. Leider wurde dem Menschen seit jeher von den verschiedensten Religionen in unterschiedlicher Eindrücklichkeit gelehrt, dass man zwar als Sünder beten, jedoch nur über die jeweilige Priesterkaste wahrhafte Vergebung erlangen könnte. Diese Macht der Priester und religiösen Hierarchien verliert zum Glück durch die bewusstere Öffnung der Menschen immer mehr an Einfluss. Der religiöse Sucher wird sich bewusst, dass er selbst die Verbindung zu den höchsten geistigen Bereichen knüpfen kann, da er ein Teil der göttlichen Schöpfung ist und stets mit allem, was existiert, verbunden bleibt.

Wie stark etwa Tiere auf kollektive Felder reagieren, sieht man deutlich bei Hunden, die auf Briefträger ansprechen. Die Postenergie beherbergt Reste der altdeutschen Polizei- und Staatsenergie, welche ausgesprochen männlich, akkurat und herrisch ist und sich gerne an Mitarbeiter aber auch Mitarbeiterinnen der Post heftet. So muss der Mann, der die Post austrägt, gar keine Uniform tragen, der Hund wird in jedem Fall das Energiefeld spüren und versuchen, sich gegen diese alte Kontrollenergie zu wehren, in der fast noch der Stechschritt der Soldaten zu fühlen ist. Auch manche Menschen nutzen diese Energie, um sich etwas wichtiger und stärker zu fühlen.

Schwarze Katzen wurden sehr oft für schwarz-magische Zwecke missbraucht, da sie einen sehr guten Zugang in die feinstofflichen Welten, vor allem die Astralwelt, haben. Noch immer sitzt in manchen Menschen der Ausspruch fest, dass es Unglück bringt, wenn einem eine schwarze Katze über den Weg läuft. Hat dieser Mensch selbst keinen Zugang mehr in die meist niederen astralen Welten und zur Magie, kann ihm eine unschuldige Katze nie Schaden bringen. Leider ist dieses Energiefeld einer dunklen Prägung noch immer nicht abgetragen, weshalb ständig Kontakte stattfinden müssen, damit die Aussöhnung erfolgen kann.

Auch große Spinnen wurden immer wieder als Boten für dunkle Energien missbraucht. Diese Kraft hängt noch immer intensiv an diesen Tieren und kann schon bei ihrer Betrachtung gefühlt werden.

Ein freies geistiges Öffnen von Individuen für ein Gruppenfeld zeigt sich bei den Delphinen sehr deutlich. Sie erkennen sich in ihren Gefühlen und Gedankenstrukturen und erleben so ihr Gegenüber in seiner Gesamtheit, ohne dass es auch nur das Geringste zu verbergen gibt. So existiert ein sehr schönes Miteinander, und ein hohes Gemeinschaftsgefühl kann entstehen. Sicher ist diese Öffnung und auch die Möglichkeit der intuitiven Wahrnehmung des Gegenübers der Hintergrund, dass Delphine einen kranken Menschen in seiner Gesamtheit erfassen und ihm energetisch helfen können.

Ein weiterer wichtiger Faktor ist das unkontrollierte Verurteilen von großen Energiefeldern. Hat zum Beispiel ein Mann mit einem Mitglied einer bestimmten ausländischen Volksgruppe Ärger und Probleme gehabt und erzählt dies seinem Freund, kann es sehr schnell sein, dass beide in Gefühle der Verurteilung geraten. Durch die Fremdartigkeit und das Unverständnis über bestimmte kulturelle Eigenheiten tritt leicht der Fall ein, dass sich ein Einheimischer über die fremden Vorstellungen stellt und diese extrem verurteilt. So ist es natürlich nicht sinnvoll, wenn ein Mensch aus Sympathie für seinen Freund über einen anderen urteilt, obwohl er selbst gar keine Probleme mit diesem hatte und in der Folge dessen ganze Kultur abgewertet wird, weil man sie vielleicht nicht kennt und innerlich vermutlich unbewusst Angst fühlt, das Fremde könnte die Sicherheit des eigenen Lebensraums bedrängen. Man sollte nie vergessen: »Jeder ist ein Fremder, fast überall auf der Welt.«

Da alle Menschen miteinander verbunden sind, bemerkt auf geistiger Ebene bereits der einzelne Mensch, wenn über ihn schlecht geurteilt wird. Ebenso ist es mit den Staats- und Kulturfeldern, denen dieser Mensch angeschlossen ist oder deren Energie er auslebt. So geschieht es ganz schnell, dass die Betreffenden in Kontakt mit einem der großen Staats-Felder kommen, dieses die Aburteilung und energetische Verunglimpfung fühlt und entsprechend reagiert. Diese Felder sind sehr stark und akzeptieren den energetischen Angriff nicht. So werden die Männer in kürze in Situationen geführt, die ihnen die Macht dieser Felder aufzeigt. Die Probleme mit dieser Volksgruppe werden sich vermutlich verstärken und immer wieder hinweisende Situationen auftauchen, da bereits eine Art Krieg auf geistiger Ebene begonnen worden ist.

So kann auch hier eine Loslösung erst dann stattfinden, wenn die Situation erkannt und in geistige Entschuldigung übertragen wurde und diese Felder respektiert und akzeptiert werden. Es ist immer ungut, über etwas zu urteilen, da die Persönlichkeit in der ausschließlichen Wahrnehmung des Tagesbewusstseins den Überblick nicht haben kann, welche vielleicht von der geistigen Welt geführten Möglichkeiten hinter einer bestimmten Tradition stehen, die nur einfach noch nicht erkannt worden sind. Durch jegliche Form des Verurteilens wird der verurteilte Mensch oder das verurteilte Feld energetisch niedergedrückt, um das eigene Feld aufzubauen. So entsteht manche Verurteilung aus Angst, energetischer Schwäche oder auch aus Überheblichkeit und dem Gefühl, besser und entwickelter zu sein. Dieses Ungleichgewicht wird bereits aufgrund geistiger Gesetzmäßigkeiten wieder ausgeglichen, und die Felder in ihrer Eigenintelligenz tragen fast immer ihren entscheidenden Ausgleich dazu bei.

Nun mag das Gefühl entstehen: »Da darf man ja gar nichts mehr sagen!« - und in gewisser Weise stimmt das auch. Jede Verurteilung zieht den entsprechenden Erkenntnisweg nach sich, da in jeglicher Entwicklung auf die geistige Einheit hin solch ein Vorgehen nicht angebracht ist. Jeder Mensch hat das Recht auf seinen Entwicklungsstand, auf seine karmische Verarbeitungssituation; und auch wenn es manchmal schwer zu akzeptieren ist, die Felder haben ihre Berechtigung und ihren Sinn, um vielleicht sogar aufzuzeigen, wie ein Weg nicht gegangen werden soll. Das kann durchaus erkannt und auch besprochen werden, aber dann aus der Erkenntnis und dem Verstehen heraus und nicht aus der Verurteilung. Die Energie, das Gefühl, mit dem gesprochen und gedacht wird, ist der entscheidende Faktor. So kann der Mensch neben den »übelsten« Energiefeldern bestehen und wird trotzdem nicht von diesen berührt oder in ungute Situationen gestürzt, weil er sie akzeptiert und ihnen vielleicht sogar Liebe und den Wunsch entgegenbringt, dass das Feld oder der Mensch sich bald ändern mögen.

Ebenso entsteht ein energetischer Kontakt mit Wesen, über die sich der Mensch extrem lustig gemacht hat. Es stellt sich somit über einen Menschen oder ein Energiefeld und beleidigt ihn oder es. Und dies ist tatsächlich so. Es wird Energie übertragen, die Leid auslöst und mitunter in dem be-leid-igten Menschen gefühlsmäßig viel Unfrieden anrichtet. Auch die großen Felder reagieren sofort, wenn solche Energien auf sie abgesandt werden. Machtvoll sieht man sie in der Aura des Menschen erscheinen, der sich derart über die Wesen aus-lässt, also eigene Energie produziert und abgibt.

Menschen, die sich mit vielen Feldern anlegen, haben kaum mehr die Chance auf Ruhe, da sie sich in einem unglaublichen feinstofflichen Kriegsgeschehen befinden und ihre Aura negative Verbindungen in viele globale Felder aufzeigt. Über diese Felder kommt stets fremde Energie in das aurische Feld, und mit der Zeit hängen sich dunkle Wesenheiten an eine Person, die sich von den Gefühlen des Zornes, der Aggression und der Verurteilung ernähren. Sobald deren Energieniveau absinkt, stacheln sie von sich aus diesen Menschen mit Informationen über Gefühle oder Gedanken an, die ihn motivieren sollen, wieder zu verurteilen und Ärger zu produzieren, den diese Einheiten ihm dann abnehmen.

Nur tiefe Liebe, reine Nächstenliebe, die sich nicht nur auf Menschen sowie alles Lebendige und Stoffliche dieses Planeten, sondern auch und vielleicht vor allem auf die geistigen Wesenheiten und Energiefelder richtet, mit denen der Mensch in Kontakt kommt, hilft aus diesem Kreislauf heraus. Das Chaos solcher Auswirkungen ist extrem energieaufwendig und nimmt sehr viel Zeit in Anspruch. Derart karmisch verwickelten Menschen wird der Weg zu ihrem eigenen Inneren und der Abarbeitung ihrer Schulden immer mehr genommen. Hier sollte immer die Hilfe hoher lichtvoller Wesenheiten für die notwendige Kraft und Neuausrichtung erbeten werden. Die emotionalen und mentalen Energien kehren dann über das Solarplexus-Chakra in das persönliche System zurück und werden mit der Christuskraft über das Herz-Chakra verarbeitet. Dieses Vorgehen fühlt sich meist nicht sehr gut an, ist aber unumgänglich, da die zurückkehrenden Einheiten gefühlt werden, wenn sie diese Bereiche durchlaufen.

Schon kleinste Anknüpfungen an Felder und an Menschen, die verurteilt werden, verursachen einen energetischen Kontakt, und man ist in der Aura nicht mehr frei. Manchmal sieht man dicke feinstoffliche Seile in bestimmte Felder, die bindend und belastend für das persönliche Feld wirken und die höheren Kräfte ausgrenzen. Das Wort selbst sagt bereits aus, was hierbei geschieht. Der Mensch *teilt* sich selbst von der *Ur*kraft ab. Er wird somit nicht mehr mit der genügenden Energie versorgt. Da jeder Mensch alles, was sich auf diesem Planeten befindet, in sich trägt, geistige ebenso wie körperliche Substanzen, ist der Mensch auch mit allem verbunden. Verurteilt er nun einen bestimmten Bereich davon, verurteilt er auch einen eigenen Bereich in sich mit, und nicht selten kann man beobachten, dass der Verurteiler mit der verurteilten Ursache meist selbst noch einen Konflikt auszutragen hat. Ist man nun geneigt, immer wieder über etwas Bestimmtes zu urteilen oder stört einen immer etwas ganz Bestimmtes, ist es sinnvoll, sich darüber Gedanken zu machen und die Ursache hierfür im eigenen Inneren zu suchen.

Die gegenwärtige energetische Situation des Planeten erlaubt in unglaublichem Maße eine Loslösung und Befreiung von Jahrtausende alten Mustern und strebt einem globalen Bewusstseinssprung entgegen. Die Menschen lassen sich zum einen nicht mehr länger die Bevormundung von aufgebauten Feldern gefallen und lernen gleichzeitig, sich der Verantwortung zu stellen, diese vielleicht selbst mit aufgebaut zu haben und deshalb auch mit ihnen in Kontakt zu kommen, um letztendlich die eigenen alten Formen und Energiefelder wieder heimzuholen und so eine globale Befreiung und Neuausrichtung zu erreichen. Dies ist wahrlich ein wunderbarer Prozess, und die Menschheit wird von gewaltigen Energien unterstützt, die derzeit in alle Bewusstseinsformen des Planeten einströmen. Dies sorgt gegenwärtig noch für viel Verwirrung, und so manche Persönlichkeit wehrt sich noch dagegen oder ist nicht bereit zur Veränderung, aber die Erkenntnisse werden immer stärker und intensiver. So werden nicht nur starre Blockaden in der Aura der Erde aktiviert und zur Auflösung geführt, sondern zeitgleich auch die Verdichtungen in den Auren der Menschen. So können globale Lösungsprozesse an manchen Tagen von vielen Menschen wahrgenommen werden, und sie fühlen sich völlig ausgelaugt. Mitunter werden solche globalen Prozesse beim Einzelnen von Kopfschmerzen und Übelkeit begleitet und die Energie, die der Mensch für seine tägliche Arbeit benötigt, wird auf ein Minimum zurückgeschraubt. Dann hat man das Gefühl, als wären alle Kräfte gewichen und man befände sich nicht mehr im Strom des Lebens, jedoch dauert solch ein Prozess meist nicht allzu lange, sodass die Normalisierung bald einsetzen kann. So scheint auch die Zeit gegenwärtig für viele Menschen in ihrer subjektiven Empfindung dahinzurennen, da die Auflösungsprozesse zügig vorangetrieben und noch so viele Altlasten wie möglich bewältigt werden sollen.

Ebenso wie mit vielen anderen Geschehnissen im täglichen Leben, ist es absolut sinnvoll, sich immer wieder die Zeit zu nehmen, sich selbst in seinen Gefühlen, Gedanken und Handlungen zu prüfen. Immer mehr sollte versucht werden, die täglichen Arbeiten in Ruhe zu verrichten, damit man die Eingaben und Impulse aus den feineren Ebenen in der jeweiligen Situation wahrnehmen kann.

Eine äußerst nützliche Methode ist unter anderem die Selbsterforschung der eigenen Person mit der Bitte um Hinweise aus den inneren Quellen. Man setzt oder legt sich bequem hin und fängt mit ein paar tiefen Atemzügen an. Am besten beginnt man mit der Entspannung in den Füßen. Mit dem Einatmen nimmt man kraftvolle und liebevolle Schöpferenergie auf und mit dem

Ausatmen entspannen sich die jeweiligen Bereiche. Für jeden Bereich kann man drei Mal tief einatmen und drei Mal ausatmen. Die Atmung sollte trotz des gedanklichen Eingriffs nicht zu stark beeinflusst werden, um nicht durch den Eigenwillen den Fluss der Schöpferenergien und Heilkräfte zu blockieren. Sobald man etwas zu stark möchte, wird es sofort blockiert. Das Gefühl des Loslassens sollte mit jedem Ausatmen verstärkt werden. Nach den Füßen kommen die Waden, Knie, Oberschenkel, Gesäß, Unterleib, Darmbereich, Magengegend, Brustbereich, dann Hände, Unterarme, Oberarme, Schulterbereich, untere und obere Rückenzone, Hals, Nacken, Gesicht und Schädeldecke. Wenn es leichter fällt, die Arme oder Beine in einem Fluss durchzuatmen, ist das ebenso in Ordnung. Mit der Zeit reicht vielleicht auch bereits ein Atemzug in jeden Bereich. Am besten lässt man sich von den Signalen des Körpers leiten, um somit die intensivste persönliche Art der Entspannung zu finden.

Da die bewusste Energie sich meist im Kopfbereich manifestiert, ist es wichtig, diesen Bereich mit dem Herzen und dem Bereich des Solarplexus zu verbinden. Das Bewusstsein kann vom Kopf in das Herz sowie in die Gegend des Bauchraumes transferiert werden und stellt damit eine Verbindung her zwischen den Bereichen des Verstandes im Kopf, des Gefühles im Bauchraum (Solarplexus) und den verarbeitenden Lichtkräften des Herzens. Dies ist ein äußerst wichtiger Aspekt, da hierdurch die Kontakte geschaffen werden, die eine tatsächliche Erkenntnis und Auflösung herbeiführen.

Ist nun ein tiefer Entspannungszustand erreicht und man befindet sich mit seinem Bewusstsein in der Dreieinigkeit von Kopf, Herz und Bauch, kann zum einen um die Erkenntnis gebeten werden, dass die anstehenden Probleme oder zu lösenden Aufgaben aufgezeigt werden, oder man beginnt sich mit der Situation auseinanderzusetzen, die bereits bekannt und durch Hinweise dem

Bewusstsein offen ist. Es ist wichtig, ganz tief in diese Gefühle und auftauchenden Gedanken hineinzugehen. »Wer nicht in den Stall hineingeht, kann nicht misten!«

Es wird nicht immer bereits im ersten Versuch funktionieren, aber mit der Zeit und dem aufrichtigen Wunsch dafür werden sich die geistigen Helfer einsetzen sowie die persönlichen Heilungs- und Lösungskräfte, um den Weg zu ebnen für Erkenntnis und Verarbeitung. Jeglicher Stress ist hier zu vermeiden, da dies nur zu Verspannungen und Blockaden führt. »Fließen lassen« lautet die oberste Devise.

Hat man sich nun in eine bestimmte Situation eingefunden, werden sich sehr bald die persönlichen Gefühle und Gedanken hierzu zeigen. Wieder ist es wichtig, sich zu erinnern, dass nur Teilbereiche unseres Wesens für die meisten Geschehnisse verantwortlich sind und die Persönlichkeit in Verantwortung für die Gesamtseele mit diesen Ausrichtungen zu arbeiten hat. So spricht man aus der Gesamtheit der entwickelten Seelenbereiche mit den Teilen, die durch die Situation zu lernen oder etwas aufzulösen haben.

Je nach dem Auftauchen bestimmter Gefühlsmuster ist es notwendig, damit umzugehen. Fühlt zum Beispiel eine Frau eine enorme Wut auf ihren Ehemann, muss sie ergründen, warum dies der Fall ist, denn diese Energie verpestet die Aura und vergiftet mit der Zeit auch den Körper. Sie wird abgelenkt, ihre intuitiven Gefühle wahrzunehmen, und Fremdenergien, die eine ähnliche Struktur aufweisen, hängen sich an sie und nehmen ihr teilweise die produzierte Energie ab, indem sie sie meist noch anstacheln mit Gedanken, die der Realität nicht mehr entsprechen. Diese Frau nun hat sich furchtbar aufgeregt, dass ihr Mann, einem inneren Gefühl folgend, eine Arbeit in einem weiter entfernten Ort annehmen möchte und somit nicht mehr so schnell am Abend zu Hause wäre. In dieser Frau hat sich das Denkschema einer »normalen« Familienwelt eingebürgert, an dem sie krampfhaft festhalten möchte, obwohl sie irgendwo in ihrem Inneren fühlt, dass für ihren Mann die neue Arbeit wirklich angebracht wäre. Befänden sich alle Bereiche der Frau in Ausrichtung, würden sie also in Liebe schwingen, gäbe es keine Probleme mit der Entscheidung des Mannes, da Liebe loslässt und in keinem Fall dunkle Energie produziert, die sich auch auf den Mann und ihren Lebensraum ausbreitet. So steckt in der Frau ein persönlicher Bereich, der auf Macht und Besitzanspruch dem Mann gegenüber beruht, ebenso wie sie angebunden ist an den alten Vorstellungen jener Kultur, in die sie hineingeboren wurde. Hier ist es angebracht, dass die Frau den Kontakt in ihr Inneres sucht und diesem Bereich erklärt, dass es Gefühle des Besitzanspruches und zwanghaften Klammerns sind, welche sich nicht in der Ausrichtung auf geistige Wahrheiten befinden. Meist steckt Angst hinter solchen Reaktionen, und das Gefühl von Vertrauen sollte dem Teilbereich übermittelt werden. Indem man immer wieder Erklärungen in dieses Feld schickt und in dem Wissen, dass man geborgen ist in der göttlichen Führung, lässt man den heilenden Strom zu dem betroffenen Bereich fließen. Bewusst sollten die angstvollen und wütenden Gefühle wahrgenommen werden und in der Folge sogleich mit Liebe und Annahme überstrahlt werden. Mit jeder tiefen Berührung dieser Bereiche werden Fasern davon verarbeitet, und ab einem bestimmten Zeitpunkt werden diese Ausrichtungen fühlbar weniger, man wird wieder ruhiger und kann immer mehr die Situation in Liebe betrachten. Man darf sich klar werden, dass es um mehr geht als um das Durchsetzen persönlicher Vorstellungen oder um das Aufrechterhalten weltlicher Überlieferungen, die sich ohnehin immer wieder ändern. Auch sollte stets, in unserem Beispiel bei dem Ehemann, um Verzeihung gebeten werden, da Gefühle des Zwanges und bedrückende Energien auf ihn übertragen wurden, die von ihm gefühlt und auch abgebaut werden mussten.

Die Erkenntnis eines Fehlverhaltens aufgrund der Auswirkungen eines eigenwilligen Teilbereiches seines Wesens lässt in manchen Menschen ein Gefühl der Reue und der Demut aufkommen, welches die Auflösung und Verarbeitung außerordentlich fördert. So kann versucht werden, auch die Liebe der Schöpfung zu fühlen, die hinter den weltlichen Situationen steckt und dem Menschen durch das Erleben einer solchen Darstellung ermöglicht, noch eigenwillige Bereiche zu erkennen und auszurichten, damit geistige Kräfte noch freier fließen können und die Inspiration, der Empfang geistiger Informationen, ermöglicht wird. Es ist nicht einfach, in Augenblicken unkontrollierter Aktivität eines Teilbereiches Liebe zu fühlen, aber mit der Zeit werden die helfenden Kräfte stärker. Hier ist der Verstand wunderbar hilfreich und dienlich und kann in den Wirren der Gefühle erkennen, dass das entstandene Vorgehen nicht in Harmonie mit den geistigen Gesetzen geschieht, sondern eigenwillig. Die vorhandenen Situationen werden ihr Eigenes dazu beitragen, dass die Hintergründe erkannt werden können.

Jegliche eigenwillige Ausrichtung schwingt nicht mit den Energien des fließenden Heilungsstromes und verursacht Härte, Unruhe und Blockaden. Je mehr diese Bereiche erkannt und verwandelt werden, um so ruhiger und ausgeglichener kann ein Mensch werden. Am Anfang ist es zuweilen schwer, die »Affenherde der Gedanken und Gefühle« in den Griff zu bekommen, aber mit der Zeit wird die Reinigung immer intensiver.

Viele Energien und Wesen auf diesem Planeten sind sehr damit beschäftigt, die Menschen in Aufregung zu halten, die »Schäfchen« unwissend und abhängig zu machen, damit sie die wahren Hintergründe nicht erkennen können. So wird auch aufregendes Fernsehen mit vielen Möglichkeiten der Ablenkung von eigenen Problemen gestaltet. Die Angst vieler Menschen, das eigene Innere zu berühren und den eventuell großen Schmerz zu fühlen, wird genutzt, um mit vielen Ablenkungsmanövern und Verurteilungen anderer Menschen von der eigenen Situation abzulenken.

So ist es für die Klärung der Aura sehr vorteilhaft, sich möglichst oft in Ruhe zu befinden. Das unaufhörlich dröhnende Radio kann bereits zu starken Ablenkungen führen, da geistige Hinweise im dauernden Geplapper nicht mehr wahrgenommen werden. Nicht selten kann der Mensch in sich selbst einen Schwätzer finden, der vor lauter Angst, er müsste sich um einen persönlichen Schmerz und Veränderung kümmern, den Menschen immer wieder in Ablenkung bringt. So denkt man oft, ich will doch an mir arbeiten, aber irgendetwas in mir will dies noch verhindern.

Auch hier ist die oben genannte Methode ein Weg, sich in tiefer Entspannung mit den Ausrichtungen und Gefühlen eines bestimmten Teilbereiches auseinander zu setzen, um eine Loslösung von diesem Muster zu erreichen. Die Gefühle bleiben immer der Schlüsssel, über den man in die bestehenden Aufbauten hineingelangen kann. Der Verstand allein findet keinen Zugang, es ist die Herzensebene mit den Gefühlen, welche den Eintritt ermöglicht.

Die planetarische Transformation lässt viele Möglichkeiten zu, und im Fluss dieser Umwandlung scheint nur das weiter bestehen zu können, was sich innerhalb dieses neuen Energiefeldes ausrichtet. Alles andere scheint hinweggefegt zu werden und wird sich in der Zukunft nicht mehr auf diesem Planeten halten können. Dies gibt Mut in den Wirren unserer Zeit; und im Vertrauen auf die geistige Führung kann der Mensch einer neuen, lichteren Zukunft entgegen sehen.

X.

DER FREIE FLUSS DES PERSÖNLICHEN ENERGIEFELDES

Ein wichtiger Faktor, um Energieblockaden abzubauen beziehungsweise erst gar nicht aufkommen zu lassen, ist das Vorgehen im täglichen Leben, welches ein Umsetzen der persönlichen Vorstellungen beinhaltet. Dies bedeutet, dass man seinem Umfeld stets mitteilt, was einem nicht gefällt oder wenn man bestimmte Dinge nicht tun kann oder möchte.

Leider ist das nicht immer leicht, da man in vielen Situationen, zum Beispiel gegenüber einem Arbeitgeber, bestimmte Vorgaben zu erfüllen hat, die einem wohl nicht immer gefallen, die aber im alleinigen Bereich dessen liegen, was dieser zu entscheiden hat. Doch auch hier kann durchaus der Fall eintreten, dass ein Arbeitgeber für Hinweise, wenn sie liebevoll und ohne Verurteilung oder Bevormundung gesprochen werden, durchaus offen ist und seine Entscheidungen nochmals überdenkt. Mitarbeiter, die zu ihren persönlichen Prinzipien stehen, sind sehr gefragt, auch wenn manchmal das Ego des Arbeitgebers dies nicht immer gleich eingestehen mag. So kann auch die Wahl der Worte sehr wichtig sein und das sachliche Umgehen mit einer Situation. Das bedeutet, dass man stets von der Sache spricht und möglichst die positive und nicht die schlechte Seite der Veränderung sieht, da man ansonsten sehr schnell eine Bewertung hervorruft und die positiv schwingende Energie verliert. So kann der Ausspruch: »Das kann nie funktionieren!« einen Kollegen in seiner Entscheidung angreifen oder lächerlich machen, was dieser vielleicht nicht zulassen kann, obwohl die Sache ihn vielleicht überzeugt hätte. Mit der

Formulierung: »Eine Möglichkeit wäre auch.....!« lässt man dem Gegenüber den Raum, seine Vorgaben zu überdenken, da ihm ja bei dieser Sachlage ebenfalls die Entscheidung obliegt.

Geht zum Beispiel ein Mensch ständig gegen das eigene innere Wissen vor, welches ganz klar mitteilt, dass bestimmte Verhaltensweisen nicht im Einklang mit den Schöpferkräften stehen können, und hört dieser Mensch nicht auf seine Eingebungen, wird sich mit Sicherheit ein starker innerer Konflikt entwickeln, welcher nicht selten in eine schwere körperliche Krankheit übergeht, um die entsprechende Person aus diesem Dilemma herauszuholen, wenn sie von sich aus noch nicht die Kraft hat, sich dagegen zu wehren.

Auch im Umgang mit Freunden und der Familie zeigt sich immer wieder, dass die erhaltenen inneren Informationen sehr oft zum Wohle der gesamten Familie oder des Freundes sind. Ebenso kann der Fall eintreten, dass zum Beispiel die Freundin gerade im Eigenwillen verharrt und der Freund von der geistigen Führung dazu angehalten wird, ihr die bestimmten Vorgehensweisen mitzuteilen. Sagt nun der Freund, aus Sorge um die harmonische Stimmung oder aus Angst, die Freundin könnte ihn verlassen, nichts von seinen Gefühlen und Sorgen, kann er durchaus versäumen, die wichtige Botschaft, die von der Intuition empfangen wurde, weiterzugeben. Die feinstofflichen Helfer haben keine Tafel und keine Kreide, um dem Menschen die Mitteilungen durch Schreiben an die Wände zu übermitteln, sie werden stets auf innerem Wege oder durch äußere Situationen übermittelt. Erkennt der Mensch diese nicht und sind auch die Freunde nicht bereit, einmal etwas scheinbar Unangenehmes zu sagen, kann sehr viel Hilfe aus der geistigen Welt vergeudet werden.

Auch Gefühle und Werte, die man für den Bedarf der eigenen Person als wichtig erachtet, sollten dem Umfeld übermittelt werden. Natürlich sollte die Kontrolle der eigenen Person, ob der

Wunsch nicht aus dem Wirken des Eigenwillens hervorgegangen ist, immer berücksichtigt werden. Dies kann sehr leicht durch den gefühlsmäßigen Druck erkannt werden, der hinter dem Wunsch oder dem Bedürfnis steckt. Ein Bedürfnis kann warten und fordert nicht auf drängende Weise. Entsteht es aber aus dem Eigenwillen, kann sehr schnell ein starkes Gefühl des Zornes entstehen, sobald angenommen wird, dass es keine Erfüllung findet. Streicht man also in Gedanken die Erfüllung des Bedürfnisses und es entsteht ein ärgerlicher Protest, kann man davon ausgehen, dass der Wunsch zumindest teilweise von Eigenwillen überlagert wurde.

Immer kann mittels der inneren Stimme oder durch ein ungutes Gefühl wahrgenommen werden, wenn gegen die geistigen Informationen vorgegangen wird und diese nicht zur Umsetzung kommen. Dies geht manchmal eine Weile gut, aber dann »brodelt es im Gefühlshaushalt«, und man ist den ganzen Tag in der Gefühls- und Gedankenwelt mit diesem Thema beschäftigt. Es kostet sehr viel Kraft, die von der geistigen Führung und der inneren Stimme vorgegebenen Hinweise nicht zu erfüllen, da sich die entstandene unverarbeitete Energie anstaut und Blockaden hervorruft. Meist lassen sich Probleme dann nicht mehr alleine verändern und werden stattdessen als negatives Erlebnis in der Aura gespeichert. Das schlechte Gefühl, welches diesem Energiefeld zugrunde liegt, wirkt immer auf die Person ein, und bei einer großen Anzahl solcher Aufbauten in der Aura ist es einem Menschen nicht mehr möglich, sich wohl und behütet zu fühlen. Er versucht dann oft mit aufgebauten Scheinwelten diese Situationen nochmals zu durchleben und den Personen, denen man zum Beispiel nicht gewagt hat, die Wahrheit zu sagen, die Leviten zu lesen. Somit ist dieser Mensch in Schein-Situationen gefangen, die sich immens vergrößern können. Im Alter dringen solche Scheinwelten mit großer Kraft in das Bewusstsein ein, rauben sehr viel Energie und damit die Fähigkeit, den Alltag zu bewältigen. Es ist vergeudete Energie, und im ungünstigen Fall übernehmen solche Strukturen machtvoll die Kontrolle über den Menschen.

Dies beginnt bereits bei kleinen Angelegenheiten und kann sich zu immer größeren Problemen ausweiten. So manche Depression ist dadurch entstanden, dass massiv gegen die inneren Wahrnehmungen vorgegangen und somit gegen den eigenen Lebensweg gehandelt wurde. Ab einer bestimmten Stärke können diese Konfliktfelder so stark werden, dass sie massiv die persönliche Fähigkeit der emotionalen Eigenkontrolle beeinträchtigen können. Sie strömen immer wieder in das Empfindungsfeld und versuchen geradezu, die Person zu übernehmen.

Es ist daher vorteilhaft, zu seinen inneren Empfindungen zu stehen und auch mitzuteilen, wenn einem etwas gar nicht zusagt. Nicht selten ist es gar kein Problem, und das Gegenüber ist froh, wenn man die Wahrheit sagt. Das Unverständnis wird nur von Teilausrichtungen der Seele angenommen in dem irrigen Glauben, das Hinnehmen oder das Schweigen würde die Situation klären oder verbessern. Aber das tut sie nie. Im Gegenteil – der Mensch verspannt sich energetisch, und die persönlichen Energien können nicht fließen, da man sich ja selbst von der Intuition abgeschnitten hat. Des weiteren ist es für bestimmte noch dunkle Energiefelder genau die Nahrungsenergie, die sie für ihre Existenz derzeit anscheinend benötigen. Sie versuchen über viele Einflüsterungen und innere Aufhetzungen genau solch eine Situation zu halten oder gar herbeizuführen, damit der Mensch sie auslebt und somit die Felder speist. In welch unglaublichem Ausmaß der Mensch Energiefelder in seinem Umfeld ernährt, kann man erst dann vollkommen erfassen, wenn man sich bereits von einigen Mustern gelöst hat. Und auch dann ist stete Wachsamkeit und Weiterarbeit erforderlich, damit man sich selbst verwirklichen kann und durch Bewusstseinserweiterung sein eigenes Inneres erspüren und erleben darf.

Sehr interessant sind auch bestimmte, durch die Jahrhunderte von Menschen aufgebaute Felder, wie zum Beispiel das Feld der Schlafrichtungen von Mann und Frau. Lange Zeit schlief der Mann stets der Türe am nächsten und die Frau dahinter, um sie in eventuellen Angriffssituationen beschützen zu können. Heute ist das weltlich betrachtet nicht mehr so, jedoch können Menschen, die mit Teilbereichen noch an dieses Feldschema gebunden sind, bereits ein ungutes Gefühl bekommen, wenn sie sich nicht diesem Feld entsprechend schlafen legen. Sie haben das Gefühl, etwas falsch zu machen, was mit der Zeit die Lebensqualität erschweren kann, aber sie wissen gar nicht warum. Deshalb kann es sehr aufschlussreich sein, sein Umfeld genau zu betrachten und hineinzufühlen, ob man mit den Dingen, die man tut, auch konform geht und innerlich in Frieden mit ihnen ist. Es ist leider sehr häufig der Fall, dass diese »Vorschrifts-Felder« Druck ausüben und im betreffenden Menschen Zwänge und Missempfinden hervorrufen, bis er sich wieder unterordnet. Diese Felder sind wiederum nicht als schlecht zu bewerten, da sie nur entsprechend ihrer Prägung handeln. Befindet man sich in Harmonie mit ihnen, haben sie keinerlei Möglichkeit, den Menschen zu berühren. Zur Umwandlung dieser Felder wäre eine bestimmte Anzahl von Menschen notwendig, die diese Prägung verändern könnten. Die Verbindungen über die persönlichen Bereiche können nur vom jeweiligen Menschen selbst verwandelt werden.

Sehr viele Ehepartner schlafen immer noch nebeneinander, obwohl sie genau fühlen, dass sie eigentlich ihren eigenen Schlafbereich benötigen würden. Die aurischen Aufarbeitungen vollziehen sich häufig in der Nacht und beeinflussen den Menschen, der daneben liegt. So wird der Partner mit der eigenen Energie beladen, obwohl dies nicht nötig wäre. Man arbeitet Energien durch, die eigentlich nicht einen selbst betreffen, und mit der Zeit kann sich das Innere dagegen wehren. Ganz abgesehen von Aspekten wie Raumtemperaturen, dem abendlichen Lesen oder Schnarchen, welche alle den Partner stören können und diesen morgens vielleicht schon mit einer Wut oder Ablehnung im Bauch aufwachen lassen, was unbedingt zu vermeiden wäre. Es besteht keine Notwendigkeit, das alte Feld zu pflegen, wonach man nebeneinander schlafen muss. Den Kindern versucht man so früh wie möglich ein eigenes Zimmer einzurichten, aber sich selbst zwängt man beim Zusammenleben mit einem Partner in ein gemeinsames Zimmer hinein. Für manche Menschen ist dies dennoch in Ordnung, da es sie tatsächlich nicht stört, wenn die Energiefelder sich nachts berühren. Dann besteht auch kein Grund, dies zu ändern. Wichtig wird es nur dann, wenn negative Gefühle entstehen und man sich nicht wohl fühlt.

Wie bei der gesamten Verstärkung der intuitiven Fähigkeiten, ist es sehr wichtig und schön, wenn man das Vertrauen, das man der eigenen Wahrnehmung entgegen bringt, immer mehr aufbauen und stärken kann. Vertrauen Sie sich und Ihren Fähigkeiten! Auch wenn einmal etwas falsch »übersetzt« wurde, spielt das keine Rolle, die Wahrnehmung wird immer besser werden. Jede Veränderung und jeder Bewusstseinsschritt liegt stets in der Hand des Menschen, wenn er sich der Kraft, die durch ihn fließt, nur immer bewusst wird und zu ihr steht.

Ein wichtiger Faktor, um das Energiefeld positiv schwingen zu lassen, ist es auch, in gewisser Weise positiv zu denken und zu fühlen. Das bedeutet nicht, dass man nun hingehen sollte, alles als gut und schön zu bewerten. Das Gegenteil ist richtig. Es ist sogar sehr wichtig, das Lieblose ohne Verurteilung als solches zu erkennen. Jedoch ist hier jenes Energiefeld auf dem Planeten gemeint, welches mit großer Beharrlichkeit stets das Negative nährt. Das ist einerseits im Fernsehen und in den Medien zu sehen und zu hören, andererseits versuchen feinstoffliche Wesen, den Menschen stets dazu zu bewegen, schlecht und verurteilend über andere zu sprechen. So schimpft man so schnell über den lahmen Autofahrer vor einem, der doch vielleicht etwas Zerbrechliches geladen hat und einfach nicht schneller fahren kann, oder man schimpft über die lahme Kassiererin, die doch erst mit ihrer Lehre begonnen hat. Die Reihe der Beispiele ließe sich beliebig fortsetzen. Wenn versucht würde, die Dinge, die geschehen, viel mehr hinzunehmen oder vielleicht sogar positiv zu bewerten, in dem Sinne, dass man von einer unfreundlichen Verkäuferin sagte: »Vielleicht hat sie gerade eine schwierige Zeit hinter sich.«, und den Versuch unternähme, sich von den aufkommenden unguten Emotionen fernzuhalten, ließe sich eine weitaus größere Loslösung von diesen wirkenden Energiefeldern erreichen.

Es ist ein sehr wichtiger Faktor, wenn man erkennt, dass man den Energiefeldern, mit denen man sich beschäftigt, auch Energie zuträgt. So werden bereits durch das Lesen von manchen Gemeinheiten und Wirkungsweisen die dunklen Einheiten durch diese Aufmerksamkeit gestärkt. In gewisser Weise ist es genau diese Tatsache, warum so viel über das Negative berichtet wird und man sich so damit beschäftigen muss. Es steckt zum Teil eine gewaltige Manipulation dahinter, und man sollte immer wieder prüfen, wie weit man sich darauf einlassen möchte.

So werden zum Teil Filme hergestellt, über die bestimmte aggressive Wesenheiten genährt werden. In den Filmen werden Unschuldige gequält und gedemütigt, das Rechtsempfinden und das Mitgefühl des Zuschauers wird aktiviert und nach einer gewissen Zeit, wenn das notwendige Maß der Qual und auch der Zorn auf den Peiniger erreicht wird, kommt ein guter Held, der mit wilder Aggression und Brutalität den Peiniger niederwalzt. So werden gewaltige aggressive Emotionen produziert und den Zuschauern abgezogen, der sich aber am Ende doch wieder sicher fühlt, da ja die Bösen zur Strecke gebracht worden sind. In dieser Richtung werden unglaubliche Manipulationen vorgenommen, und ganze Länder werden mit bestimmten Filmen zu heroischen Einheiten zusammengeschlossen. In den meisten Filmen wird mit den Emotionen der Zuschauer manipulativ umgegangen, und es ist große Vorsicht geboten, damit man sich nicht in den konstruierten Handlungen verliert oder in die Figuren schlüpft, die man sieht. Andernfalls könnte es dazu führen, dass man Emotionen auslebt, die einem eingepflanzt oder vorgegaukelt worden sind. Dies wäre besonders schlecht, wenn dem Zuschauer auch noch vorgeschrieben würde, wie er zu handeln habe und wie nicht. Besonders interessant wirkt das immer größer werdende Angebot von Filmen mit einem übersinnlichen Hintergrund. Hier wird das wachsende Interesse an der Spiritualität genutzt, um zahlende Zuschauer anzuziehen.

Das Beispiel einer Frau zeigt auf, wie befreiend das Zu-sich-selbst-stehen wirken kann. Diese Frau war geschieden und hatte zwei Kinder, lebte in einem kleinen Haus mit Hund und Garten. Sie versuchte, durch verschiedene Arbeiten ihren Lebensunterhalt zu verdienen und hatte immer sehr viel zu tun. Eines Tages lernte sie einen Mann kennen, der allerdings sehr weit weg von ihrem Zuhause wohnte. Immer wenn der Mann auf Besuch kam, machte sie ihm vor, dass sie wunderbar zurecht käme, dass bei ihr immer alles auf das peinlichste geputzt und auch sonst immer alles in Ordnung und vor allem harmonisch wäre. Es war aber in Wahrheit so, dass sie ihre Arbeit fast nicht bewältigen konnte, ihr Beruf ihr kaum Zeit für die Kinder ließ und bevor der Mann zu Besuch kam, schaffte sie es kaum, alles vorzubereiten. Diesem gewaltigen Druck konnte sie allerdings bald nicht mehr standhalten, da sie auch ihre Kinder nicht immer wegbringen wollte, wenn sie ihn besuchen ging. Es kam zu einem gewaltigen Streit über eine scheinbare Lappalie, und die Frau stellte, wegen des eigenen Drucks, den Erhalt der Beziehung von diesem Zeitpunkt an nicht mehr an oberste Stelle. Sie sagte sich: »Soll der doch kommen, ich mache jetzt überhaupt nichts mehr, ich lasse alles so, wie es ist. Soll er doch gehen, wenn es ihm nicht passt.« So kam der Mann zu ihr, da ihm viel an ihr lag, und es störte ihn überhaupt nicht, dass manche Ecke ihres Hauses nicht aufgeräumt war, dass die Kinder zu Hause waren und sogar einen Freund zum Spielen mitbrachten und der Hund immer wieder bellte. Er hätte die aufgebaute heile Scheinwelt gar nicht gebraucht, und nachdem die Frau dies erkannt hatte und ihren eigenen Zwang losließ, fiel eine gewaltige Belastung von ihr ab, und sie konnte wieder frei und ungezwungen atmen, da sie endlich zu ihrem Leben stand und sich nicht von äußerem Druck lenken ließ. Hier lässt sich deutlich erkennen, wie stark die kollektiv aufgebauten Felder wirken können, wenn sie angenommen und als real erachtet werden.

Sehr häufig werden die zwanghaften Vorstellungen der Haushaltsführung, der nach außen sichtbaren Ordnung sowie die Darstellung der Frau, dass sie eine gute Mutter und Partnerin für ihn wäre, von der Mutter auf die Tochter übertragen, meist im guten Glauben, dass sich dies einfach so gehört. Ordnung ist sicherlich eine wichtige Grundlage für einen harmonischen Energiefluss in einem Wohnbereich, jedoch sollte, neben der familiären Verantwortung, die innere Inspiration immer an oberster Stelle stehen. Diese Kräfte versuchen häufig, den Menschen in ihr aufgebautes Zwangsfeld zu drängen, damit deren Inhalt ausgelebt und somit weiter verstärkt wird. Durch die deutlich wahrgenommenen Zwänge konnte die Frau erkennen, dass der innere Druck gegen die Hinweise ihrer eigenen Intuition wirkte. Druck und Zwang sind fast ausschließlich das Wirken von aufgebauten Energiefeldern, durch die der Mensch fremdbestimmt werden soll.

Das Darlegen der persönlichen Bedürfnisse und das offene Aussprechen von unguten Gefühlen, die man in den bestimmten

Situationen fühlt, lassen das Energiefeld im Fluss der geistigen Führung schwingen.

Arbeitet man in dieser Ausrichtung alle belastenden und unterdrückten Emotionen auf und klärt entweder durch persönliche Mitteilung oder durch eine geistige Übermittlung die entsprechende Situation, kann dies zu einer dramatischen gefühlsmäßigen Befreiung führen. Plötzlich wird man nicht mehr von den angestauten unerledigten Feldern gelebt, sondern kann sich wieder anderen Arbeiten widmen. Man verbraucht keine Energie mehr für die Unterdrückung der eigenen Bedürfnisse, die nur das Herz und den Magen belasten.

Auch hier kann man immer wieder in der Aura beobachten, dass sich dem Menschen fremde, lieblose irdische Energiestrukturen anheften, die sich von den produzierten Emotionen ernähren, die der Mensch in innerem Ärger und meist lange aufgebautem Zorn auf das Gegenüber überdeckt. In den meisten Fällen versuchen bestimmte innere Teilbereiche, immer die Person, mit der die Situation entstand, als Sündenbock zu deklarieren. Es handelt sich meist um eine Person, bei der man sich nicht klar genug ausgedrückt hat, die einen übergangen oder missachtet hat. Dies ist oft leichter, als sich wirklich mit der Ursache zu beschäftigen. Über den Zorn lässt sich manchmal so herrlich die Verantwortung und somit die Last auf andere übertragen, jedoch kann dies nie der Weg sein. Ist die Persönlichkeit auf einen anderen Menschen zornig, hat dieser meist noch Macht über die Person, und die Gefühlslage verschlechtert sich weiter. Doch auch solche Situationen können immer aufzeigen, dass es noch etwas im eigenen Inneren auszurichten gibt.

So klammern sich die fremden Einheiten an die Person und versuchen, diese derart zu manipulieren, dass der wahre Hintergrund nicht erkannt wird und sie fortfährt, Ärger, Ablehnung, Neid oder sonstige negative Emotionen zu erzeugen. Viele Einflüsterungen, die den Menschen immer wieder aufhetzen, rühren von solchen Fremdeinheiten her.

Jedoch ist der Mensch stets in der Lage, durch die Ausrichtung der wirkenden Teilbereiche auf die Liebe, sich von solchen Anhängseln zu lösen und die Situationen im Jetzt und in der Zukunft zu verarbeiten, zu bewältigen und vorzubeugen.

Dies ist gar nicht leicht, da man gegen das Feld arbeiten muss, welches einem immer wieder einflüstert, dass man stets gut dastehen und es allen recht machen soll. Doch was ist wirklich »recht«. Sicherlich ist das recht, was einem die innere Führung übermittelt, und nicht das, was sich entweder weltliche Gedankenfelder vorstellen oder was von Menschen eigenwillig aufgebaut worden ist. Wenn alle Menschen im Einklang mit den schöpferischen Kräften und ihrer geistigen Führung schwingen würden, gäbe es keine kontroversen Wege. Alle fühlten die Wahrheit hinter den Dingen, und das gemeinsame Streben auf diesem Weg wäre Sinn und Hintergrund der täglichen Bemühungen. Leider ist dieser Idealfall auf diesem Planeten noch nicht eingetreten, aber mit der Hilfe aus der geistigen Welt kann diese Vision vielleicht eines Tages Verwirklichung finden. Bis dahin ist es beglückend, zumindest selbst diesen Weg zu beschreiten und sein Streben auf die Wahrheit auszurichten.

Das folgende Beispiel zeigt ebenfalls auf, wie stark das persönliche Erlebnisfeld beeinträchtigt werden kann. So erlebte eine Frau, dass sie plötzlich immer stärker den Drang nach Alkohol in sich verspürte. Sie hatte vor vielen Jahren selbst eine Zeit lang viel getrunken, aber diese Sucht sehr gut wieder in den Griff bekommen. Nun konnte sie sich der Gier auf Alkohol nach einer gewissen Zeit kaum mehr entziehen und begann manchmal bereits schon am Nachmittag mit einem Gläschen Sekt. Begleitet wurde dies dann immer von sehr unguten Gefühlen, die einem äußerst schlechten Gewissen sehr nahe kamen.

Hier zeigte sich, dass der Drang nach Alkohol genau von dem Zeitpunkt an begonnen hatte, an dem ihr Onkel gestorben war, also seinen Erdenleib verlassen hatte. Sie hatte ihn gern gemocht und seine Alkoholsucht, die die Tante immer zu verbergen suchte, stand ihren Sympathien für diesen Mann nie im Wege. Als er nun gestorben war, konnten jene Bereiche seiner Seele, die noch in der Sucht gefangen waren, die Erdsphäre nicht verlassen und suchten für das Ausleben ihrer Bedürfnisse eine Möglichkeit. Da nun die Persönlichkeit dieser Frau zwar ihre Gefährdung erkannt hatte, aber wohl immer noch zu schwach war, um sie völlig auszuschalten, konnte sie von den unerlösten Bereichen des Onkels manipuliert werden. Diese unerlösten Teilbereiche spalteten sich vom großen Verband der Persönlichkeit ab und versuchten, ihre eigenwillige Ausrichtung weiter zu verwirklichen. Da eine Persönlichkeit in einer Erdinkarnation immer mit einer großen Anzahl solcher Teilbereiche umzugehen hat, geschieht es häufig, dass sich solche Seelenteile ohne das Einwirken der Gesamtseele abspalten und an der Erdsphäre hängen bleiben. Diese Seelenteile beinhalten ein eigenständiges Bewusstsein, je nach ihrer individuellen Prägung. Man kann manchmal an Kindergräbern abgespaltene Seelenteile der Eltern erkennen, die aufgrund ihrer schmerzlichen Prägung am Grab weinen und in ihrem Bewusstsein das Wissen um den Tod ihres Kindes und den persönlichen Schmerz über viele Jahre hinweg in sich tragen, ohne diese zu verändern. Meist schwingt hier sehr viel persönliche Verwirrung und Unverständnis für die Situation mit. Hat sich nach vielen Jahren der Schmerz in der Gesamtpersönlichkeit der Eltern etwas erträglicher gestaltet, haben die abgespaltenen Seelenteile am Grab des Kindes dies noch nicht mitbekommen und hadern weiter mit dem Schicksal und verharren in ihrem Schmerz. Kommt dann der Elternteil an das Grab, der diese Gedankenform erschaffen hat, wird er immer wieder von großem Schmerz heimgesucht, weil jene abgespaltene Form mit allen Mitteln versucht, sich wieder mit ihrer ursprünglichen seelischen Einheit zu verbinden.

Die Seelenteile des Onkels setzten sich nun in den äußeren Rand der Aura und beeinflussten in großem Maße diese Frau. Nachdem es erkannt wurde, bemerkte sie, wie nach dem Aufwachen aus einer starken Betäubung, dass sie seit dem leiblichen Tode ihres Onkels auch immer wieder sehr derbe Aussprüche von sich gegeben hatte, die eigentlich gar nicht ihrer Art entsprachen. Die anhaftenden Bereiche verstanden es, die Frau so zu beeinträchtigen, dass sie die Belagerung und Fremdeinflussnahme gar nicht wahrgenommen hatte. Die gefühlsmäßige Veränderung wurde von ihr ebenfalls akzeptiert, sie empfand sich einfach als etwas seltsam. Gefühlsmäßige Veränderungen haben jedoch immer einen Hintergrund. Nun meinten es die Teilbereiche des Onkels nicht schlecht mit der Frau, sondern sie versuchten lediglich, ihr Programm (=ihre Sucht) auszuleben und diese Gier zu befriedigen. Immer wieder erlebt man, dass Suchtbereiche nach dem Leibestod an der Erdebene hängen bleiben und die Seelen meist nicht weitergehen können. So geschah es auch in dem geschilderten Fall. Die Frau hatte aufgrund der Zuneigung zu ihrem Onkel das persönliche Feld geöffnet, und die fremden Energien konnten relativ ungehindert eindringen und sich auch festsetzen, da sie ein ähnliches Feld wahrgenommen hatten. Mit Hilfe sie begleitender Engelwesen konnten die Teilbereiche des Onkels aus der Aura gelöst und von den Helfern mitgenommen werden. Mit liebevollen Wünschen wurde das Energiefeld des Onkels unterstützt, um es auszugleichen, damit er bald weitergehen konnte. Sofort fühlte sich die Frau wieder als sie selbst, und die Schwingungs- und Persönlichkeitsveränderungen harmonisierten sich.

Auch ist es sehr vorteilhaft, auf die inneren Impulse zu achten, sie als wertvoll und gegeben zu betrachten und als solche auch umzusetzen; selbst wenn es manchmal sehr schwer ist und der »innere Angsthase« überwunden werden muss. Es schenkt ein tiefes Gefühl geistiger Verbundenheit, wenn man in Harmonie mit der inneren Wahrnehmung lebt und im Dienste seiner inneren Führung steht. So hat man vielleicht in einem Moment den Impuls, einer älteren Frau über die Straße zu helfen und sollte dies auch unbedingt tun, da man dafür vielleicht gerade in diesem Moment eingesetzt wird. Wenn man aber sofort mit dem Verstand überlegt, was wohl der Kollege sagt, der neben einem läuft und einen vielleicht sogar als etwas verschroben betrachtet, wenn man sich jetzt plötzlich um eine völlig fremde Frau kümmert, oder im Inneren etwas Angst hat, abgelehnt zu werden, dann ist die Situation schnell vorüber und man hat es versäumt, den inneren Impulsen zu folgen. Sehr viele Momente ängstlichen Zögerns lassen sich darauf zurückführen, dass der Mensch Furcht vor Ablehnung hat oder ihm das Ansehen bei seinen Mitmenschen mehr bedeutet als sein innerer Impuls.

Menschen, die andere Menschen verurteilen, die vielleicht seltsame, ungewöhnliche Dinge tun, sollten sich selbst gut überlegen, ob ihnen dies zusteht. Es entsteht im Grunde nur dann eine Atmosphäre des Befremdens, wenn Menschen ihr Leben stark auf Äußerlichkeiten ausrichten und somit gar nicht die natürlichen Energieströme und Hinweise wahrnehmen können, die der Bekannte oder Kollege in diesem Moment aufgreift.

Einwände oder Kritik aus dem Umfeld entstehen aus dem Unverständnis des Denkens oder aus unausgerichteten Teilbereichen und sollten in der Regel nicht zu ernst genommen werden, da solche Menschen noch keinen Zugang zu den inneren Wahrheiten gefunden haben. So sollte es eigentlich der geistigen Welt und dem eigenen Inneren durch die eigenen Handlungen »recht« gemacht werden und nicht der meist eigenwillig denkenden und handelnden Umwelt.

Wichtig ist auch hier immer wieder die Beobachtung der eigenen Person, sich emotional nicht gegen die bestehenden Muster zu stellen und somit einen energetischen Konflikt auszulösen, der die Befreiung behindert. Es wäre wünschenswert, scheinbare »Widrigkeiten« vielleicht sogar in Liebe zu betrachten, da sie aus Einheiten bestehen, die den Weg zur Liebe noch nicht gefunden und vermutlich noch einen langen Weg vor sich haben. Die Betrachtung in Liebe löst den Menschen von allen Belastungen und verhindert ein erneutes Festsetzen von Fremdeinheiten. Man ist damit auch sicher vor so genannten geistigen Angriffen und den Versuchen bestimmter Wesenheiten, den Menschen in ihren Bann zu ziehen.

Lebt man die Inspirationen in Ruhe und mit innerer Kraft aus, kommt man energetisch in keinen Konflikt mit wirkenden Feldern und Mitmenschen. Man wird von der geistigen Führung behütet.

Dann kann man sein Aura-Feld von aller Altlast befreien, die vielleicht verursacht worden ist, bevor man zu dieser Erkenntnis gelangte. Auch die Engelwesen werden den Menschen stets darin unterstützen, solche Belastungen wieder aufzuspüren und zu verarbeiten. Das Feld wird frei, und die Energie wird nicht verbraucht durch unnütze Vorgehensweisen und Speisungen von Fremdenergien.

XI.

ENERGETISCHE MAUERN ABBAUEN

Ein weiterer wichtiger Faktor für den freien energetischen Fluss des persönlichen Feldes sind feinstoffliche Mauern, die aus Gefühlen und Gedanken aufgebaut wurden. Diese Mauern können sehr stark sein und sich mitunter sogar rüstungsähnlich um die feinstofflichen Körper schließen. Nicht selten bestehen sie aus großer Angst oder Ablehnung für bestimmte Menschen oder Lebenssituationen. Wagt sich ein Mensch im Laufe seines Lebens nicht aus diesen astralen Gebilden heraus, werden solche aufgebaute Strukturen durch die ihnen mit der Zeit innewohnende Selbstständigkeit, vor allem in zunehmendem Lebensalter des Menschen, diesen aus sich heraus zu beherrschen trachten. So folgt nach der Verhärtung der Person, je nach individueller Stärke und der Menge der aufgebauten Gebilde, der ständige Versuch der Übernahme durch diese Einheiten, und dem Menschen bleibt immer weniger die Möglichkeit, sich in Liebe und innerer Annahme aus den noch unerkannten Mustern zu lösen.

Das tiefe innere Empfinden und Wissen, dass der Mensch in Liebe gelenkt wird und alle Lebenssituationen seiner Erkenntnis dienen, sind die Grundlage für eine freie Entfaltung. Wird dies vom Menschen wahrhaft erkannt und als persönliche Wahrheit angenommen, ist der Grundstein gelegt, um alle Muster aus Ablehnung und Abwehr aufzulösen. Er fühlt sich sogleich geborgen unter den Schwingen seiner Engel und weiß genau, dass ihm nichts geschieht, was nicht Sinn und Hintergrund hat, wenngleich diese von ihm vermutlich nur noch nicht vollständig erkannt sind.

So wird einem Menschen, der bislang unzufrieden damit war, dass er vielleicht keinerlei Zugang zur Musik fand, was seinen Bruder scheinbar in der Gunst der Eltern bevorzugte, durch die Erkenntnis und Annahme seines Lebensplanes klar werden, dass dies für die gegenwärtige Inkarnation keine Zielsetzung war, da man ihm andere Aufgaben zugeteilt hatte. Sofort gibt er sein krampfhaftes Lernen auf, und tiefer Friede kann einkehren. Er gönnt dem Bruder seine Anerkennung und wendet sich seiner tatsächlichen Aufgabe zu, ohne von dem Ehrgeiz angetrieben zu werden, er müsse mit seinem Bruder wetteifern. Diese veränderte Einstellung befreit, da der Eigenwille sich löst und die inneren Kräfte wieder frei fließen können.

So kann sich eine Seele, die sich voller Liebe auf dem wahren spirituellen Weg befindet, fragen, warum sie dauernd Geldnöte hat und ihr einfach nicht die notwendigen Mittel zur Verfügung stehen, die ein Leben in der bestehenden Gesellschaft doch so angenehm und sorgenfrei machen. Erkennt sie jedoch, dass der Besitz von Geld in ihr einen ganz bestimmten unausgerichteten Teilbereich unmittelbar aktivieren würde, der sie vielleicht zu Völlerei und Maßlosigkeit verführen könnte und ihr so ihren wundervollen Weg verbauen würde, kann sie sofort den sie stets quälenden Drang nach Geld loslassen und darauf vertrauen, dass ihr so viel zur Verfügung stehen wird, wie sie für ihr Leben benötigt. Irgendwann kommt dann mit Sicherheit der Zeitpunkt, an dem sie selbst stark genug und die Zeit reif ist, diesen unerlösten Teilbereich zu verarbeiten.

Geld ist eine starke, dynamisch strömende Energie und Ausdruck bestehender Machtstrukturen, dennoch ist ein harmonisches Miteinander mit dieser Energie bei der notwendigen inneren Ausrichtung durchaus möglich. Dies erfordert ein kontrolliertes Umgehen mit diesen Energien, ansonsten kann es geschehen, dass das Geldproblem eine solche große energetische Last darstellt, dass es viel Energie kostet, diese Last zu versorgen und zu bearbeiten. Sie lässt den Menschen nicht frei, wie er es sich so sehr wünscht und wie es ihm auch verheißen ist, sondern diese so entstandene Last bindet ihn und fordert viel Energie von ihm.

Wie schnell fängt der Mensch an, mit Gott zu hadern, weil etwa der starke Wunsch nach einer Partnerschaft einfach nicht erfüllt wird. Auch hier kann die Erkenntnis, dass mit Sicherheit keine Lieblosigkeit dahinter steckt, sondern vielleicht eine noch zu bewältigende karmische Verarbeitung, die Annahme dieser Tatsache erleichtern. Ebenso besteht die Möglichkeit, dass sich eine Frau dann vielleicht zu intensiv um die Bequemlichkeiten ihres Mannes kümmern, also weltliche Vorstellungen ausleben, und die eigene Entwicklung somit in den Hintergrund drängen würde. Dies kann durchaus ein Grund sein, warum zum jetzigen Zeitpunkt keine Partnerschaft möglich ist. Die vorgestellten Ideale sind sowieso selten zu erreichen, und die Suche danach kann einen Menschen stark ablenken von seinen wahren Aufgaben, was natürlich ganz im Sinne von bestimmten lieblosen Einheiten ist, da sie sich von den Sehn-»süchten« mit ernähren. Im Grunde ist es das Sehnen nach der Vereinigung mit der höchsten Liebe, wovon in der Verbindung von männlich und weiblich ein Hauch gefühlt werden kann, wenn zwei Seelen sich füreinander öffnen. Leider hält diese Öffnung in unserer Gesellschaft meist nicht lange an, und der so genannte Alltag holt alles ein.

Ein immer wieder sehr stark wirkendes globales Feld ist die Energie des Verdrängens und Verleugnens. Über dieses Feld wirken bevorzugt dunkle Felder ein, die sich von den daraus entstehenden Verwirrungen und negativen Gefühlen ernähren. Stark geschürt wird dieses Feld durch Vorgaben, die scheinbar die Gesellschaft den Menschen auferlegt. So soll eine Person möglichst perfekt sein und viel bis alles können und wissen. Viele Menschen sagen bei Fragen, dass sie dies wissen oder nicken mit dem Kopf, so als wüssten sie alles, obwohl sie davon noch nie gehört haben. Sofort sieht man im vorderen Aura-Bereich einen Energieaufbau, der diese »kleine Lüge« bereits verdecken muss. Ein einfühlsamer Mensch merkt jedoch sehr oft, was wirklich im Gegenüber vor sich geht. Wie schön ist es da, wenn jemand offen und stark seine scheinbare »Schwäche« des Nichtwissens zugibt oder einfach nachfragt, was dies denn zu bedeuten hätte. »Nur wer nicht fragt, bleibt dumm!«, sagt ein Sprichwort. Macht man nun dem Gegenüber etwas vor, muss hierfür eine Scheinwelt, eine Scheinenergie aufgebaut werden, was Kraft verbraucht, um stabil gehalten zu werden, und zudem noch das Innere des Gegenübers verwirrt, da er in seiner Seele weiß, dass er belogen wird. Niemand ist weniger wert, wenn er etwas nicht weiß, oder wird nicht geliebt, wenn er nicht perfekt ist. Das sind Illusionen, die aufrechterhalten werden, damit der Mensch sie nährt, auslebt und sich somit nicht auf die höheren Werte besinnen kann.

So kann man manchmal schon bei Kleinigkeiten erkennen, dass einen bestimmte Situationen immer wieder veranlassen können, etwas zu sagen, was eigentlich nicht der Wahrheit entspricht. Oder man hat etwas aus bestimmten Gründen auf eine schlechtere Art erledigt, da man es einfach nicht besser wusste. Man verliert hier durch das Leugnen die geistige Glaubwürdigkeit, und das Aura-Feld schwächt sich ab. Nur die Wahrheit bleibt sicher und stark, und das Zu-sich-selbst-stehen kräftigt die Lebensenergie. Urteilen oder lächeln werden nur die Menschen, die selbst mit dieser Aufgabenstellung noch zu arbeiten haben. Wer in der Menschheit nach bleibenden Werten sucht, wird mit Freude registrieren, wenn ein Mensch klar ist und auch einmal sagen kann, dass er über ein Thema noch nichts gehört hat. Er wirkt somit glaubwürdig, stark und ehrlich, was sich in der Ausstrahlung seiner Aura bemerkbar macht. Bei der Umstellung der Währung auf den Euro wurden zum Beispiel ganz verschiedene Aussagen registriert. Die einen gaben ganz offen zu, dass sie sich mehrere Male getäuscht und geglaubt hatten, »das Produkt sei aber billig« und nicht gleich registrierten, dass es der Euro-Preis war, den sie gesehen hatten.

Es gab auch Personen, die gingen an die Kasse, bezahlten und erkannten nun bei der Nennung des DM-Preises, dass sie hereingefallen waren. Sie sagten jedoch nichts, damit man ihren Irrtum nicht erkannte. Auch die Frage von Freunden, ob mit der Währungsumstellung Probleme aufgetaucht wären, wurde verneint. Derartige Aussagen werden in der Aura gespeichert, da sie sofort eine Verzerrung des Energieflusses darstellen und eine Stauung hervorrufen. Wenn man ehrlich zu sich selbst sein möchte, erkennt man, dass es gar nicht so einfach ist, die volle Wahrheit zu leben. Die Wahrheit zu sagen, bedeutet nicht unbedingt, dass man jedem Menschen mitteilen sollte, was man fühlt, ganz bestimmt nicht; über bestimmte persönliche Vorhaben sollte man sogar schweigen, da die Energie dafür ansonsten verloren geht. Man kann in solch einem Moment nichts dazu sagen, der Frage entweder ausweichen oder das Thema wechseln, wenn man Mitarbeitern oder fremden Menschen nichts von sich erzählen möchte. Jedoch wenn eine Aussage gemacht wird, sollte sie für die Reinhaltung der Aura auch klar sein.

So kann ebenso eine energetische Mauer aufgebaut werden, um die Persönlichkeit vor Verletzungen und Lieblosigkeiten aus der Umgebung abzuschirmen. Sehr oft stecken auch große Schmerzen aus früheren Inkarnationen dahinter, die so verdrängt werden, dass man sie nicht spüren muss. Dies verhindert natürlich den Abbau solcher Strukturen und behindert die persönliche Weiterentwicklung. Meist ist es nur das Gefühl, die Menge an Schmerz nicht bewältigen zu können, man spürt jedoch bereits nach der ersten großen Welle, dass die Schmerzen bald nachlassen; und mit Hilfe der geistigen Führung und der Liebe des Herzens können solche Altlasten bald aufgearbeitet werden. So benötigt die Abwehr von karmischen Aufgaben und Gefühlen eine enorme Menge an Energie; und je dichter die Abwehrmauern aus Gefühlen und Gedanken sind, umso länger dauert der Abbau. Sobald solche Aufbauten eine bestimmte Größe erreicht haben und zu Seelenbereichen geworden sind, werden diese Einheiten selbstständig, und man kann die Kontrolle über die Abwehrmechanismen gänzlich verlieren. Dann ist man Sklave seiner eigenen Gedankenformen und emotionalen Felder, die, je älter der Mensch wird, immer schwerer abzubauen sind, da sie im Laufe der Jahre ausreichend genährt wurden und somit ein dichtes Gewebe bilden.

Das große Vertrauen und innere Wissen, dass jedem Menschen immer nur die Schmerzen zugeführt werden, die er für seine Reifung erleben muss, gibt hier sehr viel Halt und Unterstützung. Die Liebe selbst sowie die Seelenteile, die in der Liebe schwingen, empfinden bei lieblosen Situationen keinen Schmerz. Sie verzeihen und wissen, dass auch der Mitmensch meist stark von unausgerichteten Gedanken und Gefühlen gesteuert wird und geben ihm den Spielraum, den er für seine Reifung benötigt. Schmerz empfinden die Teilbereiche, die eine eigenwillige Ausrichtung aufweisen und deren Programm in diesem Moment nicht gespielt wird oder die in ihrem Muster gestört sind. So kann man eigentlich sagen, dass dann, wenn Schmerzen fühlbar werden, auch eine Situation zur Aufarbeitung vorhanden sein muss. So kann Schmerz ein absolut notwendiger Hinweis sein, dass etwas nicht in Ordnung ist und unbedingt verändert werden sollte.

Der menschliche Körper wäre absolut nicht lebensfähig, wenn nicht die Schmerzsensoren eine so wichtige Aufgabe erfüllen und dem Menschen immer wieder mitteilen würden: »Vorsicht, da ist ein Stachel! oder »Vorsicht, du hast dich aufgekratzt und es blutet!« Der Körper würde zerstört werden, und der Mensch bekäme es nicht einmal mit. So schützt sich das System, und dieses Vorgehen ist vernünftig und wirkungsvoll. Ebenso ist es auch in der feinstofflichen Ebene, in der Gefühlswelt. Es wird genau aufgezeigt, wenn etwas nicht in Ordnung ist oder es etwas auszurichten gibt.

Ist der Mensch bereit, sein Karma anzunehmen und zu bearbeiten, ist es manchmal gar nicht nötig, eine große Menge an Schmerzen ertragen zu müssen, denn die wichtigen Hinweise werden bereits über erste Anzeichen von unguten Gefühlen wahrgenommen. Dies kann ein Schutz vor ankommenden Fremdenergien sein oder die Warnung: Wenn du dich damit verbindest, wirst du große Probleme bekommen.

Werden Hinweise nicht beachtet oder durch Abwehr und weitere Emotionen vergrößert, kann sich auch eine körperliche Erkrankung einstellen, die immer intensiver werden kann, da die Energien versuchen, sich über diese Materialisation zu zeigen. So hilft der Körper mit, Altlasten abzutragen.

So konnte man bei einer Frau beobachten, wie die Erkenntnis und das Annehmen ihrer Situation in kürzester Zeit ihren Wutpanzer und ihre Abwehrblockaden auflösten. Sie war mit einem Mann verheiratet, der seit seiner Kindheit durch eine Kinderlähmung körperbehindert war, und dieser Zustand hatte sich im Laufe seines Lebens immer mehr verschlechtert. In jüngeren Jahren hatte er seiner Frau in einer jahrelangen Krankheit hilfreich zur Seite gestanden, jetzt hatte sich die Situation aber dahingehend verändert, dass die Frau nun für ihn einen größeren Einsatz leisten musste. Die Belastung wurde aber immer stärker, und die Frau stürzte in eine Woge der Ablehnung. Wie konnte es sein, dass sie einen so behinderten Mann haben musste, und überhaupt käme sie viel zu kurz und hätte zu wenig Zeit für sich! Hier stellte sich heraus, dass die Frau aufgrund ihres Verhaltens in einem früheren

Leben vor der Inkarnation die Wahl hatte, selbst körperbehindert zu sein oder einem Mitmenschen, in diesem Fall ihrem Mann, bei dessen Körperbehinderung hilfreich zur Seite zu stehen. Sie entschied sich zu helfen und konnte so einen Körper erhalten, der nicht durch Krankheit behindert war. In ihrem Inneren wusste sie immer um diesen Umstand, jedoch bewog die Belastung des Alltags sie dennoch dazu, zu hadern und eine Zeit lang einen gewaltigen Strom negativer Energie zu produzieren. Nach dieser Erkenntnis konnte sie liebevoll die Gegebenheiten annehmen, wohl in dem Wissen, dass es nach wie vor anstrengend sein würde und sie wohl nie so viel Zeit für sich selbst haben könnte wie andere Frauen. Aber sie erkannte eines der wahren Ziele ihres Lebens und sah ein, dass dies bedeutend wichtiger war, als den Vorstellungen der Umwelt zu entsprechen oder gar dem Eigenwillen zu frönen.

So hat jeder Mensch, auch wenn er mit seinem Bewusstsein nicht genau um die Hintergründe seines Lebens weiß, immer die Möglichkeit der Annahme seines Lebensplanes und der Dankbarkeit für seine geistige Führung. So werden keine Mauern aufgebaut, sondern die Energien können frei und ungebunden fließen.

In der Aura sieht man sofort, wie sich die Gebilde auflösen, als würde man ein Netz lösen, das aus vielen Maschen gewoben worden ist und sich mit besonders dicken Seilen in der Mitte verknotet hat. Es erscheint, als könnte auch der feinstoffliche Leib aufatmen und dem Lebensplan wieder zur Erfüllung verhelfen.

XII.

REAKTIONEN PERSÖNLICHER TEILBEREICHE

Die Erkenntnis, dass der Mensch sehr viele verschiedene Wesenszüge in sich fühlt, die in den verschiedenen Lebenssituationen zur Geltung kommen, zeigt deutlich, welche persönliche Vielfältigkeit ihn charakterisiert. Diese verschiedenen Seelenteile haben, neben der Bearbeitung der Prägungen aus vergangenen Leben, die Aufgabe, sich auf höhere Werte auszurichten, und werden, bis sie dies vollständig erfüllt haben, immer wieder von weltlichen Einflüssen vom vorgenommenen Wege abgebracht. Manchmal sind sie von der Gesamtpersönlichkeit abgespalten und folgen unaufhaltsam ihrem Programm mit dem ihnen innewohnenden Bewusstsein. Diese Teilbereiche können sich in der Aura des Menschen aufhalten, genau so wie sie auch an Objekten oder Orten hängen können, mit denen ihr Programm eine Verbindung hat. Sie sind zwar energetisch über feinstoffliche Verbindungen immer an den Menschen gebunden, können sich jedoch weit von ihm entfernen. Sie verfolgen ihre Ausrichtung so lange, bis ihr Inhalt und ihre Energie vom Menschen erkannt, angenommen und wieder verändert wurden.

Bei der aktiven Verarbeitung und Ausrichtung persönlicher Teilbereiche kann man immer wieder Reaktionen bemerken, die sich in gleicher oder ähnlicher Weise wiederholen. Das Eigenbewusstsein der Teilbereiche erlebt Veränderungen in der Anfangsphase als Angriff auf sein Programm und weiß mit der Veränderung noch nichts anzufangen. Diese abgetrennten Seelenteile können zum Teil noch nicht gleich fühlen, dass sie geborgen sind im

Schöpferstrom und sogar liebevoll und aufmerksam in das persönliche System aufgenommen werden. Immer wieder beginnen die Teilbereiche, ihr Programm am Anfang eines Erkenntnisprozesses noch intensiver auszuleben und setzen alles daran, dass die Persönlichkeit nicht zu einer Veränderung und Neuausrichtung kommt.

So kann eine Frau, die gerade dabei ist, bestimmte Machtansprüche gegenüber ihrem Mann zu verarbeiten und auszurichten, in den ersten Tagen ihrer Arbeit eine intensive Verstärkung ihres Machtanspruches fühlen. Diese Auswirkungen zeigen sich in deutlich verstärkter Eifersucht und dem steten Drang, dem Mann den eigenen Willen aufzudrängen und auch durchzusetzen. Diese Frau hat aufgrund ihrer Bewusstseinsentwicklung erkannt, dass sie solch eine Tendenz in sich trägt, und die alltäglichen Situationen haben ihr Übriges dazu getan. Sie ist ernsthaft bestrebt, den Ehemann loszulassen, um die Beziehung nicht vollständig zu zerstören und auch um von dieser Ausrichtung nicht ständig in Beschlag genommen zu werden, wodurch sie sich kaum um ihre persönliche Weiterentwicklung kümmern konnte. Mit Erschrecken stellte sie die Verschlechterung fest und spürte die Macht und sogar Panik, mit der der Teilbereich kraftvoll seine Stärke demonstrierte. Nach der Aufgabe ihrer Gegenwehr gegen dieses Vorgehen und dem dann einsetzenden liebevollen Verständnis für den wirkenden Teilbereich, löste sich die Abwehrmauer und sie konnte mit diesen Energien arbeiten. Je mehr man kämpft, umso mehr drängt man in der Regel die Bereiche aus dem noch nahen Aura-Feld ab und sie geraten in noch größere Existenzangst. Nach der Erkenntnis, dass der eigene Teilbereich aus Angst reagiert und in seinem Bewusstsein um das Überleben kämpft, begann die Frau, ihm zu erklären, dass dies nicht seine Auflösung bedeutete, sondern lediglich eine Veränderung, wodurch er im Wesentlichen bedeutend stärker an ihr Energiesystem und ihre Seelenenergie angeschlossen werden würde. Der Teilbereich konnte sich beruhigen, gab langsam sein Wirken auf und schloss sich dem Gesamtsystem der Frau an.

Ebenso kann es ergehen, wenn man mit Programmen oder Erinnerungsbildern in Teilbereichen arbeitet, die in einer früheren Inkarnation durch Verhungern geprägt wurden. Beginnt man hier mit harter Energie in Form von massivem Abnehmen zu arbeiten und gibt dem Körper nichts mehr zu essen, geraten die Teilbereiche in noch größere Ängste, das Feld trachtet mit Macht danach, immer essen zu wollen und verstärkt sich noch mehr. Auch hier können nur Verständnis und Liebe ein Weg zur Lösung der Ängste und der Blockaden sein, niemals ein hartes Vorgehen. Diese Bereiche benötigen Vertrauen und die Aufnahme in das Seelen-Feld der Person, erst dann fühlen sie sich geborgen und geben ihre Eigenstruktur auf.

Ein meist deutliches Zeichen, dass die Verarbeitung von bestimmten Teilbereichen genau zu diesem Zeitpunkt ansteht, ist das Gefühl, genau diese Situation nun endgültig nicht mehr aushalten zu können. Es scheint so, als würde man emotional in eine Ecke gedrängt, in der man überhaupt nicht mehr zurecht kommt. Dies ist dann der Moment, in dem der Eigenwille loslässt und die höheren Kräfte diesen Bereich ausrichten können. Gefühlsmäßig erscheint dies für die betroffene Person allerdings kaum erträglich zu sein.

So erlebte eine Frau in einer früheren Inkarnation, dass sie von ihrem damaligen Gatten enorm unterdrückt worden war. Sie hatte nichts zu sagen, und ihre Bedürfnisse blieben weitgehend unbeachtet. Sie war für alles verantwortlich und hatte alle so genannten weiblichen und haushaltsmäßigen Pflichten ohne Widerspruch zu erledigen. Dieses Programm hatte die Frau in diesem Leben nun fortgesetzt und ließ sich von ihrem Mann vollständig unterdrücken. Sie setzte sich nicht zur Wehr und verdrängte ihre Bedürfnisse. Nachdem ihr Mann sie allerdings mit einer anderen Frau betrogen hatte, fasste sie doch den Mut und reichte die Scheidung ein. Langsam begann sie über die Geschehnisse und ihre Gefühle nachzudenken und erkannte immer mehr die wahren Hintergründe. Sie war plötzlich froh über den Seitensprung ihres Mannes, der ihr letztlich die Kraft gab, sich zu lösen. Nun erlaubte sie es sich langsam, auch nach ihren Bedürfnissen zu leben - und es war wunderbar für sie. Manchmal empfand sie es als extrem anstrengend, aber stets wunderbar. Nach einiger Zeit lernte sie einen Mann kennen, in den sie sich verliebte und mit dem sie nach einem Jahr zusammenzog. Nun begann allerdings eine sehr schwere Zeit für die Frau. Sie wurde extrem von Wutattacken gegen den Mann geplagt und von so großem Zorn, dass sie in den kleinsten Situationen auszurasten drohte. Sie konnte sich dies nicht erklären und litt sehr darunter. Hier zeigte sich, dass sich in der Frau ein Feld aufgebaut hatte, welches sie selbst davor schützen sollte, jemals wieder von einem Mann unterdrückt zu werden. Dieser Bereich in ihr litt solche Angst, sie könnte wieder in ihr altes Muster fallen und sich selbst verleugnen, dass der innere Bereich dies auf keinen Fall zulassen wollte. So wurde diese Einheit bei der kleinsten Gelegenheit, in der auch nur annähernd die Möglichkeit einer Unterdrückung aufkommen konnte, von so machtvollen Emotionen gepackt, dass die Frau dies kaum mehr kontrollieren konnte. Dieses Energiefeld versorgte die Frau mit einer aggressiven Kraft, welche ihr die Möglichkeit der Gegenwehr geben sollte. Diesem Mann lag aber überhaupt nichts daran, seine Partnerin zu unterdrücken. Es ereigneten sich die ganz normalen alltäglichen Situationen, in denen gegenseitig die Rahmenbedingungen für ein erfolgreiches Zusammenleben gesteckt werden sollten.

Nachdem die Frau erkannte, dass diese emotionalen Ausbrüche eine Schutzfunktion darstellten und sie vor erneuten Fehlern schützen sollten, konnte die Ausrichtung bewusst verändert werden. Der innere Teil befand sich in großer Sorge, dass die Frau nicht auf ihre Intuitionen hören würde, doch nachdem sie ihm immer wieder das Gegenteil versichert hatte, alles daran zu setzten, um auf die inneren Impulse zu achten und die Bedürfnisse zu registrieren, beruhigte sich der Teilbereich und ließ seine aufbrausenden Emotionsattacken ruhen. Auch hier waren die Ausbrüche am schlimmsten, kurz bevor die Aufarbeitungsprozesse begannen, die zu einer Ausrichtungsänderung führen sollten.

In solch einer Situation ist es natürlich einfach zu sagen, man bleibt alleine, dann kann einem nichts mehr geschehen und die Situation ist erledigt. Aber damit würde man auch die wichtige Neuausrichtung der inneren Bereiche versäumen und letztendlich gegen seinen ureigensten Lebensplan verstoßen. Deshalb ist es so wichtig, nicht zu versuchen, ungute Situationen zu vermeiden, da sie stets mit einem selber zu tun haben und wichtig sind für die Befreiung von emotionalen Lasten. Wo der Schmerz ist, zeigt sich der Weg. Wo emotionale Lasten sich ballen, gibt es Arbeit für die Seele.

Des öfteren konnte in der Verarbeitung von Teilbereichen auch festgestellt werden, dass manche Seelenbereiche Angst davor haben, sich einer höheren, also lichtvolleren Energie zu öffnen. Sie wagen sich noch nicht in das Licht der Liebe und reagieren manchmal damit, dass sie unbedingt Fleisch oder sonstige kräftige Lebensmittel benötigen. Hierdurch wird eine Erdung erreicht, durch die die Teilbereiche glauben, doch noch mit »beiden Füßen auf dem Boden zu stehen«. Gegen dieses Vorgehen sollte nicht angekämpft oder gewaltsam versucht werden, diese Impulse nicht auszuleben. Reicht eine Erklärung nicht aus, kann in Liebe diesem Teil nachgegeben werden, im tiefen Wissen, dass er einfach noch nicht anders kann und zur rechten Zeit seinen Weg wieder finden wird.

Ein weiterer wichtiger Aspekt ist das Erkennen innerer Informationen, die als Wahrheit akzeptiert werden. Man kann Informationen erhalten, von denen man fühlt, dass sie der Wahrheit entsprechen. Man hat ein gutes Gefühl, und die Resonanz der Wahrheit, welche sich mit dem eigenen Wissen in Harmonie befindet, wird deutlich erkannt. So sollte grundsätzlich nur das angenommen werden, was das eigene Innere als Wahrheit empfinden kann, ansonsten sollte man es einfach stehen lassen, da es vermutlich zum derzeitigen Zeitpunkt einfach nicht interessant oder notwendig für die Person ist.

Hört oder liest man nun eine Information, die man in seinem Inneren nicht als Wahrheit fühlt oder deren Zeit noch nicht gekommen ist, wird die Erkenntnis, dass man damit nichts anfangen kann, ruhig und ohne Emotion wahrgenommen. Es gibt keinen Grund, den Redner oder Schreiber zu verurteilen, da es das Recht jeder Person ist, zu glauben, was sie möchte und was sie für sich als richtig empfindet. Spürt man aber im eigenen Inneren eine Emotion der Wut gegenüber der bestimmten Information, kann man davon ausgehen, dass man mit dem Inhalt des Gehörten oder Gelesenen einen Konflikt oder eine unverarbeitete Situation zu lösen hat. Ein Mann, der ein starker Raucher ist, hört bei einem Vortrag, dass sich über die Rußrückstände in den Lungen fremde Energiefelder anheften können und die meisten Raucher nicht mehr für sich selbst rauchen, sondern für eine große Wesenheit, die sich von den Energien der Raucher ernährt. Er fühlt eine extreme Wut in sich und geht sogar mit Gezeter auf den Redner los und bezichtigt ihn der Lüge und Falschrednerei. Es wird in diesem Moment der süchtige Teilbereich in ihm angesprochen, der solch eine Wahrheit nicht hören will. Gleichzeitig reagiert sofort das angesprochene Fremd-Wesen über die bestehenden Verbindungen und gibt dem Mann ein, dass das mit Sicherheit nicht stimmt, und eine große emotionale Welle wird in diesem Mann geweckt. Man kann immer davon ausgehen, dass jemand, der auf eine Beschuldigung oder Darlegung heftig reagiert, auch etwas damit zu tun hat. Ansonsten gibt es kein Feld und keinen Teil in ihm, der reagieren müsste. Warum auch? Jeder darf seine eigene Wahrheit erläutern.

Spürt man nun eine solche Reaktion in der eigenen Person, ist es wichtig, dieser nachzuspüren und den Grund dafür herauszufinden. Geht man diesen Informationen nach, bedarf es manchmal keiner neuen Situation, die einem aufzeigt, dass es etwas zu verarbeiten gibt, sondern die reine Erkenntnis reicht aus. So kann man bereits über ungute Gefühle erkennen, dass noch Unebenheiten vorhanden sind. Deshalb ist es sehr schön, wenn man sich so viel und so oft wie möglich die Zeit nehmen kann, um in sein Inneres zu spüren, nicht nur um Verkrampfungen und Ängste zu lösen, sondern um im Fluss der Entwicklung zu bleiben. Je mehr Teilbereiche der eigenen Person durchlichtet sind, umso mehr kann man frei und ungezwungen das wahre Leben erkennen. Es geht nicht immer nur um das Ausleben immer wiederkehrender Strukturen, sondern ist das Bewusstsein klar und geöffnet, können die höheren Energien stärker einfließen.

In den Zeiten der persönlichen Verarbeitungsprozesse kann man in der Umwelt manche seltsame Reaktion erleben. Es reagieren nicht selten Energiefelder, die den Mitmenschen beherrschen und diesen in eine ablehnende Haltung denen gegenüber zu treiben versuchen, die an sich arbeiten möchten. Würden die Menschen, die die gleiche Schwingung in sich tragen wie das sie beeinflussende Feld, erkennen, dass sie beeinflusst werden, verlören die Felder ihre Kraftzufuhr. Deshalb werden meist sehr ungute und ablehnende Empfindungen an die betreffende Person abgegeben, damit sie ja nicht von ihrem Gegenüber inspiriert werden kann.

Das folgende Beispiel macht eine solche Reaktion im Umfeld

deutlich. Ein Mann wurde in einem früheren Leben von der Inquisition angeklagt und getötet. In der Gegenwart traf er diesen Mann wieder, der damals maßgeblich an seiner Verurteilung beteiligt war. Durch den Ärger und die Konflikte, die beide Männer in ihrer jetzigen gemeinsamen Arbeitsstätte austrugen, wurde deutlich, dass hier eine alte karmische Bindung zu lösen war. Nachdem das frühere Opfer den Hintergrund erfahren hatte, konnte es sich mit viel Mühe und viel liebevoller Kraft dem Verzeihen hingeben, so dass er nun die Situation und den Mann ohne Emotionen betrachten konnte. Er konnte sogar Sympathie empfinden, da er sah, dass der andere sehr verhärtet war und meist düster drein blickte. Dieser konnte dem einstigen Opfer in der Folge kaum mehr in die Augen sehen, er mied ihn, wo er nur konnte, damit er ja möglichst wenig mit ihm zusammentraf. Dabei bot dieser den kämpferischen Teilen des Arbeitskollegen keinen Resonanzboden mehr und war deshalb energetisch nicht mehr angreifbar. Gleichzeitig regte sich das innere Gewissen im Arbeitskollegen, welches genau wusste, dass er ebenfalls die Angelegenheit in Liebe auflösen sollte. Da er dies nicht tat, herrschte in den höheren Bereichen des Mannes große Unzufriedenheit. Diese konnte er zwar unterdrücken, kam er allerdings mit dem Kollegen in Kontakt, wurde sofort die innere Unruhe geweckt, die er aber nicht zulassen wollte, da er immer noch nicht bereit war, den inneren Kampf loszulassen und die auf ihn einwirkenden Energiefelder zu lösen. Er reagierte mit Ablehnung, welche allerdings gar nichts mit seinem früheren Opfer zu tun hatte, sondern die Ursache dafür lag im Inneren des Mannes selbst.

Je freier eine Person in ihrer Entwicklung vorwärts strebt, um so intensiver sind ihre Bewusstseinsstrukturen mit der gesamten Schöpfung verbunden. So ist die persönliche Bewusstseinserweiterung immer auch ein Fortschritt für die Gesamtheit.

So haben die ersten Seelen, die diese neuen Wege der Verarbeitung und Transformation gehen, meist mit erheblicher Gegenwehr der alten Strukturen und Energieeinheiten zu tun; aber je mehr Seeleneinheiten den Weg beschreiten, um so leichter wird es für die nachfolgenden Menschen, im liebevollen Streben die materielle Schöpfung mit anzuheben, so wie es Jesus als Christus vorgelebt hat. Auch sollte bei der Hinwendung zum Göttlichen der weibliche Aspekt der Göttlichkeit nicht außer acht gelassen werden. Leider wird in so manchen Religionen fast nur der männliche Bereich berücksichtigt. Mit dieser Einteilung von männlich und weiblich sind nicht die Geschlechter gemeint, wie sie in der irdischen Verkörperung geschaffen wurden, sondern es sind die Aspekte, die hier angedeutet werden. Das Weibliche steht somit für die empfangende, ruhende, liebvoll ausstrahlende, tief fühlende, inspirative und geistige Hinwendung. Man könnte noch viele Worte finden, die allerdings die Gefühlstiefe nicht annähernd wiedergeben könnte. Jedoch bringt den Menschen bereits der bewusste Gedanke und das Sehnen dieser Kraft näher, zu der der Kontakt in der jetzigen Zeit immer mehr möglich wird.

XIII.

DIE KLÄRUNG DER AURA UND IHRES UMFELDES

Einen nicht zu unterschätzenden Bereich in der persönlichen Weiterentwicklung nimmt die Energie des Raumes ein, in dem der Mensch sich befindet. Es macht einen erheblichen Unterschied aus, ob er von Chaos oder tausenderlei Dingen umgeben oder ob sein Umfeld geordnet ist.

Es braucht nicht davon ausgegangen zu werden, dass etwa die Wohnung, in der man lebt, stets wie poliert und ohne ein Staubwölkchen auszusehen hat. Es geht um die energetische Befreiung von Altlasten und Fremdenergien, die sich äußerlich in der Wohnung so zeigen, wie sie meist auch innerlich, im persönlichen Energiefeld der Aura, zu finden sind.

So ist zwar die Reinlichkeit der Räume mit Sicherheit ein wichtiger Faktor, jedoch ist es auch hier wichtig, sich nicht von der Sauberkeit beherrschen, sondern sie fließen zu lassen. Ist an manchen Tagen, in denen die Kräfte anderweitig eingesetzt werden, keine Zeit dafür vorhanden, sollte auch hier kein Stress aufkommen, sondern im Streben nach Weiterentwicklung der Zeitpunkt abgewartet werden, an dem die Energien für diese Arbeit wieder vorhanden und fühlbar sind.

Die Erkenntnis, dass mit Sicherheit ohne die geistige Grundlage kein Fortschritt und keine Veränderung in der Außenwelt, also im Umfeld des Menschen, möglich ist, hat nach wie vor Priorität. Jedoch ist es durchaus möglich, durch Veränderungen und Räumarbeit im Umfeld auch festsitzende Strukturen in der Aura zu lösen, zu reinigen und somit den freien Fluss der Kräfte anzuregen, da sich in dem Moment, in dem man sich mit der Thematik beschäftigt, bereits die Wege öffnen können.

Je freier die Aura wird, umso intensiver kann sich eine Persönlichkeit den wichtigen Tranformationsprozessen widmen. Es werden die störenden Faktoren abgebaut, die verhindern, dass eine tiefe Verbindung in das eigene Innere und zu den göttlichen Kräften geschaffen wird. Genau diese Verbindung ist es, die in einem Menschen auch die Ausstrahlung bzw. Durchstrahlung zulässt, die in den Mitmenschen das Gefühl von wahrhaftiger Stärke weckt. Eine charismatische Energie wird fühlbar, die weit über die persönlichen Energiefelder hinausreicht.

So kann der Mensch in sich bereits nach kleinen Aufräumaktionen, meist in seinem Haus, seiner Wohnung oder seinem Arbeitsplatz, eine wohltuende Befreiung seines Energiefeldes empfinden.

Am Besten macht man sich an die Zimmer, Ecken oder Schränke, die man schon so lange aufräumen wollte. So ist es angebracht, einen Schrank oder Ähnliches auszuwählen, in dem man die Stücke unterbringt, die man behalten möchte, sodann einen großen Mülleimer bereit stellt sowie eine Kiste für den Recyclinghof und eine für die Dinge, die man in ein Heim oder auf den Flohmarkt geben möchte.

Viele Dinge, die man zu Hause hortet, werden die meiste Zeit gar nicht benutzt, sondern sind Geschenke, die einem sowieso nicht gefallen, oder Cremes, die man nicht nimmt, weil man kein gutes Gefühl dabei hat. Es erfordert Mut zum Loslassen, und manch krampfhaftes Gefühl des Haltenwollens kann mit dem klaren Verstand beruhigt und ausgerichtet werden. Es gibt gar nicht so viele Gegenstände, die man zum eigentlichen Leben benötigt. Das meiste ist überflüssig und störend, da sich so gerne Fremdenergien daran setzen, und je voller ein Zimmer ist, umso stärker wird die Energie der Befreiung und Reinigung behindert. Nicht selten sind die Gegenstände mit Altlasten aus früheren Inkarnationen behaftet. Die Materie kann durchaus eine intensive Blockade für den Fluss der Energien darstellen. So kann vielleicht auch mancher Stuhl aus der Ecke verschwinden und verschenkt werden, um mehr Freiheit zu erlangen.

Im eigenen Inneren kann mit dieser Räumaktion so manches losgelassen und verarbeitet werden. Je mehr Materie sich als eigener Besitz um den Menschen aufgebaut hat, umso mehr muss auch energetisch versorgt werden. Es belastet somit konstant den Energiehaushalt, da die Verbindungen von der Materie in die Aura des Menschen meist mit vielen kleinen Verbindungslinien gekennzeichnet sind.

Wenn man den Arbeitsbereich betrachtet, ist es besonders notwendig, hier auf einen guten energetischen Fluss zu achten. Ist ein Schreibtisch angefüllt mit Arbeitsmaterial oder Papierstapeln, zieht dies so viel Energie ab, dass die inspirierenden und intuitiven Gefühle nur sehr schwer fließen und kaum wahrgenommen werden können und auch der Energiefluss in den Räumlichkeiten stark gestört wird. Auch wirkt ein im Geschäftsleben geschaffenes Erdfeld ein, welches durch die Anwesenheit von viel sichtbarem Arbeitsmaterial im Mitmenschen das Gefühl wecken will, dass die betreffende Person wichtig ist, viel Verantwortung tragen muss und arbeitsmäßig total überlastet ist.

Wird im Berufs- und Privatleben mehr Ordnung eingeführt, hat man manchmal das Gefühl, als könnte man plötzlich besser durchatmen - und das stimmt tatsächlich. Man kann freier atmen, weil außen und innen viele blockierende Energiefelder weggeräumt wurden.

Auch diese Reinigungsarbeit erfordert Mut, da man so manches wegwirft, was man vielleicht von den Eltern oder einem Partner geschenkt bekommen hat, was aber eigentlich furchtbar störend wirkt.

Liegt einem Menschen etwa sehr viel an bestimmten Dingen, zum Beispiel dem Sammeln von Briefmarken oder Münzen, was ihm gleichzeitig auch zur Entspannung dient, so müssen diese Sammelstücke nicht in jedem Fall weggegeben werden. Jedoch lässt sich immer wieder beobachten, dass die Sammelgefühle etwas mit einer karmischen Aufarbeitung oder dem Verlustgefühl aus einer vergangenen Inkarnation zu tun haben.

Vielen Menschen, die die entbehrungsreiche Zeit des Krieges erlebt haben, fällt es sehr schwer, überschüssige Gegenstände abzugeben, da in ihnen noch immer das Gefühl aufkommt, in Zeiten der Not könne man es noch gebrauchen. Sind diese Gefühle noch sehr stark, sollte nicht radikal dagegen vorgegangen werden, sondern langsam und ruhig immer mehr dieser ängstlichen Bereiche in Gefühle der Sicherheit, der Geborgenheit und des Vertrauens gebracht werden.

Manche Menschen haben in einer früheren Inkarnation ihr gesamtes Hab und Gut verloren und können nur sehr schwer davon ablassen, bestimmte Dinge immer wieder anschaffen zu müssen.

Besonders schwer fiel es einer Frau, die in einem früheren Leben Haus und Hof im Krieg verloren hatte. Dieses Schicksal hätte sie noch ganz gut verarbeitet, dass jedoch ihre Kinder Not leiden mussten, hinterließ in der Aura der Frau eine solch schmerzliche Verkrümmung, dass diese Blockade intensiv auch im gegenwärtigen Leben ihre Auswirkungen zeigte. Regelrechte Existenzangst überfiel die Frau beim Gedanken, weniger Vorräte zu haben oder Kleidung, die schon sehr alt war, weiterzugeben.

Es ist gar nicht selten, dass materielle Werte als Sicherheit und Halt angesehen werden, auch wenn keinerlei Altlasten damit verbunden sind. So ist es durchaus ratsam zu unterscheiden, ob Dinge tatsächlich gebraucht werden oder nicht. Aber in diesem Abschnitt geht es nur um die Freiheit des persönlichen Energieflusses und die Klärung der Aura. Es geht nicht um materielles Hab und Gut, sondern um die Materie, die sich zum Ballast entwickelt hat und ohnehin überflüssig ist.

Es ist manchmal notwendig, sich nicht nur von materiellem Ballast zu befreien, sondern auch von Gewohnheiten, die einen schon eine Weile stören. Gleiches gilt auch für die Loslösung von Menschen, die einem immer nur Kraft rauben, da sie die Aura belasten mit verurteilendem Gerede über andere Menschen und letztendlich nur ihren Müll abladen, den man mühsam wieder abzutragen hat.

Man kann sich auch prüfen, ob nicht die Fernsehwelle bereits Besitz von einem ergriffen hat und am Abend daher nicht das eigene Leben gelebt wird, sondern die Berieselung vom Fernsehfeld gewählt wird.

Die Beeinflussung über das Fernsehen ist gewaltig und kann suchtähnliche Auswirkungen annehmen. Das Familiendasein oder freundschaftliche Bande können in die Brüche gehen. Die Konzentration auf wichtige Dinge kann derart abgelenkt werden, dass dies mitunter zu einem einschneidenden Stopp in den persönlichen Entwicklungsprozessen führen kann. So vermag das Entfernen des Fernsehgerätes für eine gewisse Zeit den vielleicht bestehenden Einfluss deutlich zu machen. Man weiß dann vielleicht im ersten Moment gar nicht mehr, was man tun soll, obwohl das Leben so viel für den Menschen selbst, seine Mitbewohner oder die Familie bereit hält. Haben bereits starke Zugriffe oder Anhaftungen stattgefunden, wird ein großes Verlustgefühl deutlich, was damit klarlegt, dass die Entscheidung, den Fernseher mit seinen wirkenden Einflüssen wieder in seine Schranken zu verweisen, durchaus angebracht war.

Die Suche nach Dingen und Gegebenheiten, die den Menschen stören und die Arbeit, diese dann zu verändern, erzeugt eine immense Befreiung von Bindungen. So mancher aurische Kloß wird fühlbar hinweggefegt, und die geistige Welt setzt alles daran mitzuhelfen, um die aufgewühlten Energien aufzulösen und den freien, liebevollen Fluss höherer Kräfte zu unterstützen.

XIV.

DAS ENERGIEFELD DES KOPFBEREICHES

Die Beachtung der Alltagsprobleme ist von großer Bedeutung, denn wenn der Mensch es nicht für wichtig erachtet, hier Ordnung und Freiheit einkehren zu lassen, ist es ihm nicht möglich, zu höheren Ebenen vorzudringen und von dort aus zu wirken.

Zu oft werden die Kleinigkeiten des Alltags unterschätzt, und es wird manchmal angenommen, dass Meditationsübungen oder Affirmationen, die immer wiederholt werden und so schon ein eigenwilliges Feld aufbauen, das mühsam wieder abgetragen werden muss, ausreichen, um geistig weiterzukommen. Aber ohne Arbeit gibt es keinen Fortschritt, und die Arbeit beginnt beim Menschen selbst. Die Hauptarbeit, die ein Mensch in seiner persönlichen Weiterentwicklung und im Hinblick auf einen wachen Geist im Alter leisten muss, betrifft das Erkennen, den Umgang und die Ausrichtung von emotionalen und gedanklichen Feldern sowie die Befreiung von Fremdenergien mit all ihren Formen und Wesen.

Das Freihalten der Kopf-Energiefelder erlaubt es dem Menschen, tief an seine persönlichen Strukturen heranzukommen. Andernfalls wird er eingenommen und abgelenkt von einem großen Wirkungsbereich, der sich aus seinen alten negativen karmischen Strukturen zusammensetzt, die sehr viel Energie benötigen. Zusätzlich wirken auch aktuelle mentale und emotionale Kräfte auf ihn ein. Neben diesen persönlichen Feldern nehmen nicht selten Fremdenergien Zugriff auf ihn, die größere karmische Strukturen und allgemeine weltliche Prägungen darstellen. Diese globalen Felder ziehen ihm immer dann sehr viel Energie für ihren eigenen Lebenserhalt ab, wenn er altes Fehlverhalten wiederholt und diesen Kräften damit erneut Zutritt zu seiner Aura ermöglicht.

So beginnt das Freihalten der Kopf-Energiefelder bereits dann, wenn man sich die Dinge, die man erledigen sollte, nicht »im Kopf« merkt, sondern sie in einem Planungsbuch notiert. Sobald zum Beispiel gedacht wird, »ich muss unbedingt nächste Woche neues Öl bestellen, sonst frieren wir im Haus!«, bildet sich in der Kopf-Aura das Gedankenmuster, welches diesen Inhalt aufweist. Jeglicher Gedanke strebt seiner Verwirklichung entgegen, und so wird dieses Gedankengebilde gemäß seiner Prägung vielleicht seinen Erzeuger erinnern, dass Öl bestellt werden muss. Aber diese Gedankenform lagert in der Zwischenzeit unbearbeitet im Energiefeld des Menschen und benötigt, um erhalten zu werden, immer neue Energie. So schiebt sich das Gebilde einerseits immer wieder näher heran, um gedacht zu werden, andererseits macht es sich mit einem Druckgefühl bemerkbar, da die Ölbestellung relativ wichtig für das Leben im Haus ist und womöglich ziemlich viele ärgerliche Energien aus dem Umfeld entstehen, wenn dies nicht erledigt wird. So wird das Gebilde größer und kräftiger und zieht Energie ab. Mit einem oder ein paar solcher Gebilde könnte der Mensch zu jeder Zeit gut umgehen, aber es bleibt nicht bei einem Gebilde. Immer mehr und oft noch unerledigte uralte Felder und Wesen zeigen sich in der Kopf-Aura. Manchmal wird dies erst dann bemerkt, wenn sich Stress und Unwohlsein sowie das Gefühl dauernder Überlastung breit machen, da das Aura-Feld überladen ist und die Toleranzgrenze der energetischen Verarbeitung überschritten wurde. Die so genannte »Affenherde der Gedanken« beinhaltet nicht selten große Formen und Muster. Dann genügt bereits der kleinste Funke und die Kraft, mit der der Tumult unter einer Art Deckel gehalten wird, entweicht explosionsartig. Diesen

Ausbruch kann der Mensch in diesen Momenten kaum beeinflussen und beruhigen.

Je mehr Gebilde in der Aura aus eigener Energie aufgebaut wurden, umso schwieriger wird es für von außen kommende geistige Impulse, diese Felder zu durchdringen und den Menschen zu inspirieren. Das Gewirr von Informationen wird immer größer und der aufgebaute Druck dieser Einheiten sowie ihr Beharrungswillen können sich zu einem unbewussten, aber zwanghaften Energiepotenzial entwickeln.

So sollte mindestens einmal in der Woche die Alltags- oder Geschäftsplanung stattfinden und für jeden Tag die Erledigungen eingetragen werden. Sobald die Dinge notiert sind, weicht die Energie aus dem Kopf und belastet nicht mehr das Energiesystem. Es kann jeden Tag nachgeschaut werden, was es zu erledigen gilt und abgehakt werden, was erledigt werden konnte oder was es noch am nächsten Tag beziehungsweise in der nächsten Woche zu bewältigen gibt. Die Inspirationen, die benötigt werden, um zu Ergebnissen im privaten wie im beruflichen Leben zu kommen, haben erst dann eine klare Möglichkeit sich zu manifestieren, wenn die Zugänge nicht verstopft sind, sondern ein freier Fluss gewährleistet ist.

So lässt man sich oft vom Umfeld sagen: »Du musst dies noch machen oder jenes! Nächste Woche musst du dies erledigen und das!« Dies führt sofort zu einer energetischen Belastung, da das Gedankengebilde produziert werden muss, und zwar mit dem notwendigen Energieaufwand, damit es auch nicht vergessen wird. Hier ist es angebracht, die Erledigungen auf ein Notizbrett zu heften, auf das man dann immer schauen kann. Man kann sie auch in der Erledigungsspalte für den bestimmten Tag notieren, damit es sogleich geordnet ist und die Energie zentriert wird.

Es ist sehr interessant zu beobachten, dass die geistige Begleitung und die helfenden Führer im Alltag nicht selten das Geschehen energetisch bereits vorregeln, wenn es von der Person innerlich abgegeben werden kann. Dadurch geht die Erledigung sehr leicht von der Hand. Wirbelt die Gedankenform aber durch die Kopf-Aura, wird das Abgeben und die Hilfestellung aus den feinstofflichen Ebenen schon schwieriger. Wenn sich die Kopf-Aura anfüllt mit Dingen, die es zu bewältigen gibt, kann die Herzenergie schwerlich eventuell dort anhaftende Energien verarbeiten und ausrichten.

Wenn dann viele aktuelle Verarbeitungsmuster hinzukommen, drängt sich dem Menschen das Gefühl auf, als brumme ihm der Kopf. Tatsächlich geschieht das auch, denn würden alle Gebilde zu Wort kommen, gäbe es das reinste Chaos.

Das freie Gefühl, das man erhält, wenn man die Kopf-Aura befreit hat, ist eine wunderbare Empfindung, verbunden mit dem Wissen, dass es sicher von Nutzen ist, wenn so manche unserer Vorstellungen sich nicht verwirklichen, da die geistige Führung für uns immer das Beste will. So kann es immer wieder geschehen, dass bei der Bearbeitung gewisser Bereiche große Gegenkräfte und Energien sich bemerkbar machen, die vielleicht mitteilen wollen: »Mache das lieber nicht. Das tut dir nicht gut oder sollte zum derzeitigen Zeitpunkt nicht eintreten!«

Hier sollte man auch beobachten, ob man nicht einen Teilbereich in sich trägt, der so gern die Verantwortung für all die »zu erledigenden Zustände« auf sich nehmen will, um sich wichtig zu machen. Solche Energiefelder sollten dann auf das Vertrauen ausgerichtet werden, damit sie den Menschen nicht ständig durch ihre eigenwillige Aktivität vom geistigen Weg abhalten.

Ebenso kann das dauernde Ausrichten von Grüßen eine große Last sein, durch die man das Gegenüber mit Arbeit belagert, obwohl man doch eigentlich selbst mit dem Betreffenden in Kontakt treten sollte. Auch hier muss der Mensch, der die Grüße ausrichten soll, ein Energiefeld im Kopf mit sich tragen, welches ihn daran erinnert, die Grüße auch auszurichten.

Eine junge Frau, die als Köchin in die benachbarte Schweiz zu ihrer neuen Arbeitsstelle fuhr, hatte von ihrem Chef den »Auftrag« bekommen, in der Nachbarstadt, in einer bestimmten Straße, einer früheren Kollegin einen Gruß auszurichten, welche die junge Frau nicht einmal kannte. Dieser Chef wollte damit allerdings auch zum Ausdruck bringen, dass er in jedem Fall, obwohl er nicht im Ausland gearbeitet hatte, eine Frau im Ausland kenne, zu der er, obwohl er selbst es seit Jahren nicht für nötig erachtete, mit ihr in Kontakt zu treten, nun seine ehemalige Köchin hinschickte, um sie zu grüßen.

Die junge Frau hatte, mit der Bejahung dieses Auftrags, die kollektiven Felder des »Recht-Machen-Müssens« und »Gut-Dastehen-Wollens« angenommen. Sie fühlte sich von diesem Auftrag so belastet, dass es in ihr einen Konflikt verursachte, bei dem sie deutlich ihren Widerwillen spürte. Nun hatte sie zwar die Nachbarstadt besucht, aber weder die Straße noch die Frau gefunden, worauf ihr ehemaliger Chef, als er dies hörte, sie auch noch als unfähig und unzuverlässig bezeichnete, weil sie seinen Auftrag nicht ausgeführt hatte. Da sie diesen Vorwurf, der ihr in die Aura eingeprägt wurde, auch angenommen hatte, drückte sie die Erinnerung daran bis in die Gegenwart.

Das Ausrichten von Grüßen sollte deshalb immer mit der Bitte versehen werden: »Nur wenn du daran denkst, ansonsten ist es nicht schlimm«, um die belastende Energie davon wegzunehmen und auch das schlechte Gewissen, wenn die Grüße vergessen werden. Es ist wirklich schade um die hier verschwendete Energie.

Am besten ist es, wenn ein Mitmensch eine solche oder ähnliche Bitte an einen heranträgt, immer in der Weise zu antworten, dass man sagt: »Wenn ich daran denke, gerne« oder »Wenn ich denjenigen sehe und es nicht vergesse«. Damit vermeidet man, sich selbst in eine Abhängigkeit der Erledigung hinein zu manövrieren. Dies ermöglicht, dass man trotzdem energetisch ohne Zwang bleibt und keine Bindungen aufgebaut werden, die sich erst lösen, wenn man den Auftrag erledigt hat.

Je klarer man in seiner Kopf-Aura wird und je stärker die Herzkräfte fließen, umso präziser werden die inneren Informationen, die einem sofort zur Verfügung stehen, wenn man von einem anderen Menschen mit einer Forderung konfrontiert wird. So kann man sehr schnell fühlen, ob der Wunsch, der an einen herangetragen wird, erfüllt werden soll oder nicht, ob er im Einklang mit dem Göttlichen fließt oder nicht. Eigenwillige Strukturen des Gegenübers können deutlich gefühlt werden. So ist es manchmal sinnvoll, sofort etwas zu Verneinen und klarzustellen, dass man hierbei kein gutes Gefühl hat, auch wenn man den Inhalt des Gefühles noch nicht genau definieren kann. Auf jeden Fall sollte man zu seiner Wahrnehmung stehen und dem Gegenüber wahrheitsgemäß diesen Sachverhalt mitteilen.

Natürlich ist auch hierbei die Eigenkontrolle von persönlichen Ausrichtungen wichtig. Gerät man zum Beispiel sehr schnell in Zorn, wenn einem etwas aufgeladen wird, darf man sich fragen, ob man nicht vielleicht lernen sollte, offen und ehrlich dem Mitmenschen gegenüber seine Meinung zu sagen. Vermutlich hat man dann schon viel zu oft etwas hingenommen, ohne die Situation zu klären, was im wahrsten Sinne des Wortes gilt. So sind Abwehremotionen und negative Ballungen in der eigenen Aura entstanden. Haben diese sich zu einer bestimmten Menge angehäuft, ist die Toleranzgrenze überschritten und der Zorn entlädt sich bei der geringsten Kleinigkeit. Dann ist es wichtig, die Altlasten aufzuräumen und die Situationen zu suchen und zu erkennen, bei denen man nicht nach seinen inneren Wahrnehmungen gehandelt hat. Jede so vergangene Situation kann nochmals aufgerollt werden und wird dadurch ge-»klärt«, damit wieder eine harmonische Note in das Gefühlsleben einkehren kann. Die Prüfung der eigenen Person, auch um andere Menschen nicht zu belasten oder um bereits ausgesprochene und angehäufte Energiefelder wieder aus dem Feld zu räumen, ist angebracht.

So kann im Verzeihen des eigenen Fehlers akzeptiert werden, dass für bestimmte Bereiche einfach noch eine Möglichkeit des Auslebens vorhanden war, aber man diese Situationen in Zukunft mit einem größeren Überblick und mehr Freiheit des Energiesystems bewältigen kann. So lässt sich Altes lösen, und es häufen sich keine neuen Energiefelder mehr an, die eigenständig werden können und einem im Alter den klaren Verstand eintrüben.

XV.

ENTWICKLUNG DER INTUITION

Eigentlich müsste das Wort Entwicklung ersetzt werden durch das Wort Wiederentdeckung, da den meisten Menschen die Intuition in ihrem Inneren stets vertraut war, sie jedoch noch nicht freigelassen und bewusst wahrgenommen wurde. Bei den nachfolgenden Ausführungen liegt das Hauptaugenmerk darin, über die Intuition die inneren Vorgänge wahrzunehmen, um bestehende belastende Gedanken- und Emotionsfelder zu erkennen und den Weg frei zu machen, damit die den Menschen begleitenden Lehrer und Engelwesen sowie das höhere Selbst die Möglichkeit haben, ihre Informationen übermitteln zu können. Somit kann der göttliche Plan deutlicher wahrgenommen und umgesetzt werden.

Je mehr die persönliche Aura gereinigt wurde und je mehr Teilbereiche auf die höheren Werte ausgerichtet sind, umso deutlicher können die Vorgänge im persönlichen Umfeld sowie die wirkenden Hintergründe erkannt werden. So werden die eigenwilligen Teilaspekte des Menschen erlöst und in Harmonie gebracht, und die Person wird damit frei von den immer wiederkehrenden Problemen und auch vom »Rad der Wiedergeburt«.

So öffnet sich das Energiefeld nach außen und man gräbt nicht mehr nur im eigenen Ego-Feld. Die Kanäle für geistige Informationen sind freier, und unterstützende und inspirierende Energien können einfließen, welche die Persönlichkeit stärken. Die ankommenden Informationen werden nicht mehr getrübt oder verändert und es wirken nicht sofort eigene Einheiten, die sich zuerst einmal zeigen möchten, um dadurch die Aufmerksamkeit auf sich zu lenken.

So können sich Telepathie, als Empfang von Gedanken, oder Empathie, als Empfang von Gefühlen, als willkommene Begleiter auf dem geistigen Weg einstellen.

Ein wichtiger Hintergrund auf dem Weg zu einer verstärkten Intuition ist der, dass man sich bewusst macht, oft von Wesenheiten, die die Menschen begleiten, oder von höher entwickelten Seelen Inspirationen oder Eingebungen zu erhalten. Weist man diese Eingaben ständig ab und kümmert sich nicht darum, hören die Informationen auf, da sie keine Wertschätzung und Beachtung finden und somit unnütz werden. Hat man diese Ablehnung eine Weile praktiziert, kann man liebevoll um Entschuldigung bitten und versuchen, sich wieder auf die Durchgaben einzustellen. Mit ehrlichem Herzen werden sich die Verbindungen bald wieder einstellen, und man spürt in vielen Lebenssituationen wieder die Nähe und die bewusste Unterstützung aus der geistigen Welt.

Zu der Wahrnehmung und dem Respekt gegenüber den Durchgaben, egal ob sie aus dem eigenen Inneren kommen oder von außen, gehört, dass man das, was die Informationen übermitteln, auch umsetzt. So kann es sein, dass man plötzlich den Impuls bekommt, einen ganz bestimmten alten Bekannten anzurufen, was man dann auch unbedingt tun sollte. Dieser benötigt vermutlich gerade Hilfe oder kann einen ganz wichtigen persönlichen Hinweis übermitteln, den wiederum der Anrufer benötigt.

Meist jedoch greift nach solch einer Information, die sich mit einem Gedankenblitz oder einem Gefühl äußern kann, sofort der Verstand ein, der sogleich vehement ausführen kann, dass es doch sinnlos ist, gerade jetzt um die Mittagszeit anzurufen, da der Betreffende bestimmt nicht da ist. Vielleicht werden auch sonstige Zweifel laut, die immer wieder versuchen, die Person von der

Durchführung ihres Impulses abzubringen. Wenn jedoch trotzdem auf die innere, zuerst gegebene Information gehört wird und sie auch in die Tat umgesetzt wurde, verstärkt sich die Kraft, immer mehr auf die intuitiven Impulse zu achten. So sollte der Verstand mit einbezogen werden, um nicht in Konflikt mit ihm zu geraten. Tritt dieser Fall ein, vergrößern sich die Probleme, und es wird schwer, der Intuition zu folgen. Auch der Verstand will liebevoll mit einbezogen sein. Er muss als Teil der Weiterentwicklung mitgenommen werden, aber nicht als Führer, sondern als willkommener Bestandteil der Person. So kann der Verstand in manch wirrer emotionaler Situation große und wichtige Hilfe leisten, um diese zu klären und sich einen Überblick zu erarbeiten.

Ein sehr hilfreicher Weg, um sich mehr auf die intuitive Wahrnehmung zu konzentrieren, ist die bewusste Zuwendung in Zeiten der Ruhe und innerer Stille. Man nimmt sich am Abend oder morgens Zeit, um etwa die Ereignisse vom Vortag zu überdenken. Hat man auf die inneren Hinweise gehört?

Mit Sicherheit wird man Situationen erkennen, in denen man in der Vergangenheit nicht darauf gehört hat, tatsächlich ist es aber dann doch so eingetreten, wie man es zuerst gefühlt und gedacht hat.

Achtet man auch auf die inneren Hinweise, fühlt man sich bei der Umsetzung der intuitiven Impulse wohl und gut, handelt man dagegen, verliert man Energie und fühlt sich schlecht und schwach.

Ebenso kann man mit der Suche nach der richtigen inneren Antwort für offene Fragen verfahren. Man geht in die Stille und versucht, sich von den inneren Informationen berühren zu lassen. Man kann sich dazu auch alle auftauchenden Informationen und Gefühle sowie ihr Für und Wider auf zwei verschiedenen Seiten eines Blattes notieren und diese am Ende vergleichen. Auch hier kann der Verstand beim Entwirren mithelfen. Danach versucht man, über das Gefühl zu definieren, was einem bei der einen oder anderen Lösung berührt. Auch hier ist die Beobachtung des Eigenwillens notwendig, um nicht von egoistischen Ausrichtungen fehlgeleitet zu werden.

Die richtige Lösung ist die mit dem besten und ruhigsten Gefühl. Ebenso sollte kein Zorn entstehen, wenn man sich für die entsprechende Lösung entscheidet. Es ist oft sehr hilfreich, seinem Bewusstsein alle Informationen zu übermitteln und gleichzeitig alles der inneren Führung und Ordnung zu übergeben, mit der Bitte, zum rechten Zeitpunkt die richtige Entscheidung zu treffen. Viele große Denker und Erfinder sind auf diese Weise zu wichtigen Erkenntnissen gelangt und sind von der geistigen Welt geführt worden.

Es ist ein wunderbares Gefühl der Zugehörigkeit und des Vertrauens, wenn man mit der Zeit immer mehr spürt, dass man tatsächlich Antworten bekommt und die Engel und geistigen Lehrer aktiv sind, die den Menschen auf dem Lebensweg inspirieren, beschützen und begleiten, indem sie immer wieder Hinweise geben und auf dem Pfad behilflich sind, wann immer sie können.

XVI.

ALTLASTEN AUS FRÜHEREN INKARNATIONEN

Einen sehr großen Bereich bei der Reinigung der Aura, der Erlangung geistiger Freiheit und der Weiterentwicklung der Seelen nehmen die Altlasten aus früheren Inkarnationen ein. In kaum einer Zeitepoche stand eine individuelle und kollektive Verarbeitung und Neuausrichtung von karmischen Belastungen aus früheren Inkarnationen so im Vordergrund, wie dies in der Gegenwart der Fall ist. Viele Seelen haben sich für die jetzige Inkarnation ihr gesamtes negatives Rest-Karma mitgenommen, das in ihrem Seelenfeld noch vorhanden war. So kann man zur Zeit uralte Programme ausmachen, zum Teil noch aus Leben, die sich auf dem ehemaligen Planeten Mallona abspielten und deren Restenergien teilweise immer noch gebunden sind an Trümmer, die sich durch unser Sonnensystem bewegen.

Die Ablehnungsmauer gegenüber der Reinkarnationslehre bricht in der westlichen Welt auf. Für immer mehr Menschen wird es klar, dass es nicht nur ein einmaliges Leben geben kann, sondern dass hinter dem Leben ein tieferer Sinn in Form einer kontinuierlichen Weiterentwicklung besteht.

Bezüglich der Aura-Reinigung und Auflösung persönlicher karmischer Strukturen ist es nicht nötig, durch Erkenntnis, bewusste Annahme und liebevolle Zuwendung alles sofort in der Gesamtheit zu erkennen und auszugleichen.

Auch sollte mit so genannten Reinkarnationstherapien sehr vorsichtig umgegangen werden. Sich mit einem Thema zu beschäftigen, welches die geistige Führung zur Bewältigung freigibt, ist sinnvoll, ein anderes Thema ist es jedoch, ein willkürliches Aufbrechen von irgendwo in der Aura vorhandenen Energiefeldern herbeizuführen. Hierfür ist erstens kein energetischer Schutz vorhanden, und das Bewusstsein für den Umgang mit diesem Problem ist meist noch nicht in der Art vorbereitet, dass die Verarbeitung ohne Probleme stattfinden könnte. Der Mensch mischt sich somit in Vorgänge ein, die nicht in Harmonie mit seinem Lebensplan stattfinden und von dunklen Kräften in der Folge extrem leicht angegriffen werden können. Jedes Handeln aus dem Eigenwillen heraus bedeutet gleichzeitig, dass die höheren Kräfte es nicht behüten können und dürfen. So werden, oft sogar unbewusst, etwa durch wilden Trommelwirbel oder die Verbindung mit alten Kultenergien, abgelagerte Energiefelder aufgerissen, die energetisch die Aura überfluten und das Bewusstsein so stark eintrüben können, dass die betroffene Person den Überblick verliert. Werden dann noch eigenwillig die Chakras aufgebrochen, um Energie freizusetzen, insbesondere durch das Aufsteigen der Kundalini, wird das Problem extrem vergrößert und die normale feingewobene Schutzstruktur über den Chakras reißt und Kräfte, für die der Körper und das Energiesystem noch nicht vorbereitet wurden, überfluten den Menschen. Nicht selten hängen sich noch unentwickelte Wesen, die sich in der den Planeten umgebenden Ebene aufhalten, an solche Menschen und beeinflussen sie ebenso stark wie sie ihn auch als Energielieferanten ausbeuten und in ihre Ausrichtungen drängen. Die Notrufe der eigenen Seele können dann immer weniger wahrgenommen werden. Nicht selten mussten sich derart belastete Menschen in lange Therapien begeben, damit die Verletzungen wieder geschlossen werden, die Fremdeinflüsse gelöst und die persönlichen Energien ausgeglichen und frei fließen konnten.

Es ist somit sehr wichtig, die Verarbeitung der Altlasten aus früheren Inkarnationen stets der inneren Führung zu überlassen, die entscheidet, wie intensiv und wie schnell ein Ausgleich stattfinden kann.

Jedoch kann durch die bewusste Annahme und den Wunsch nach Weiterentwicklung den geistigen Lehrern deutlich signalisiert werden, dass man bereit ist, sich den Anforderungen zu stellen und die Wege anzunehmen. Dies geschieht im Wissen darum, dass nicht der Mensch in seiner jetzigen Inkarnation die Dinge verursacht hat, sondern dass in einem früheren Leben diese Altlasten geschaffen wurden und die gegenwärtige Persönlichkeit jetzt, in Verantwortung für die Seele, die Muster durcharbeiten muss.

So ist es ein Akt der Liebe und des Vertrauens auf die Führung, bereit zu sein für die vielfältigen Aufgaben und auch Möglichkeiten, die sich durch die Verarbeitung alten Karmas bieten. In der aufrichtigen Zuwendung an die geistigen Kräfte kann der Mensch um einen schnellen Reifeprozess bitten und um die notwendige Unterstützung, um richtig zu erkennen und mit viel Liebe die bisherigen Lieblosigkeiten und verursachten »Schulden« abzutragen.

Man kann sofort an der Reaktion der Schutzwesen fühlen, dass diese hocherfreut alles daran setzen, dem Menschen umgehend und mit den bestmöglichen Unterstützungen einen Weg aufzuzeigen, um sich schnell und liebevoll unerlösten Gedanken und Emotionen zuzuwenden und sie zu verarbeiten.

Da viele Menschen teilweise noch unbewusst danach streben, konsequent und in Liebe diesen Weg zu gehen, kann man bereits in kurzer Abfolge die Auswirkungen dieser Arbeit beobachten. Die Persönlichkeit fühlt sich aber teilweise trotzdem überfordert, da sie nicht bewusst um die Geschehnisse weiß. Nur im Vertrauen auf die innere Führung und in der Annahme der Geschehnisse wird schnell die Befreiung erreicht.

Es kann sich für einen Menschen, der sich zwar überhaupt

nicht mit spirituellen Themen beschäftigt, aber in seiner inneren Liebe schon sehr weit fortgeschritten ist, durchaus eine Krise seines derzeitigen Weltbildes ergeben. Er mag mit der Zeit glauben, dass das Leben selbst ihn nicht liebe und Gott es wohl nicht gut mit ihm meine, wenn er ihn so leiden lasse. Eine schwierige Situation nach der anderen taucht auf, und er versteht die Welt nicht mehr. Sobald dieser Mensch sich bewusst macht, dass sein eigenes Inneres sich diesen schnellen Weg gewählt hat und die geistige Reifung seiner Seele an oberster Stelle steht, kann er in der Folge ohne innere Gegenwehr und im Vertrauen auf die große Liebe, die hinter seinen Prüfungen wirkt, die Situationen leichter und schneller bewältigen. So fühlt er sich geliebt und all die Aura-Verengungen, die sich vielleicht aus innerer Angst und Sorge gebildet haben, lösen sich auf und lassen die Energie wieder frei fließen.

So kann man zum Teil in der Aura gut sehen, dass während der vorbereitenden Phase einer neuen Inkarnation aus den astralen und mentalen Ebenen bereits die ersten karmischen Altlasten und Blockaden aufgenommen werden. Diese werden in der äußeren Aura gelagert und dann im Laufe der Entwicklung, bei der Ausbildung der höheren feinstofflichen Körper, allmählich einfließen. Die karmische Essenz lagert in der Zeit zwischen den Erdenleben in den entsprechenden feinstofflichen Ebenen, bis eine neue Persönlichkeit der Seele bereit ist, diese aufzunehmen und zu verarbeiten. Im Idealfall wären nach dem Erdenleben alle astralen und mentalen Körper und Auren aufgelöst und könnten sich mit jeder Inkarnation neu bilden. Dies ist jedoch nur bei den höchsten Engelwesen der Fall, die keine Altlasten mehr zu verarbeiten haben und ausschließlich für den Dienst am Nächsten in einem menschlichen Körper zur Erde kommen. Die absolute Reinheit einer Seele auf diesem Planeten lässt sich selten ausmachen, da eine Seele, die so hoch entwickelt ist und ihre eigenen Schulden alle abgetragen hat, sofort Lasten aus den karmischen Rückständen anderer Wesen oder kollektiver Einheiten übernimmt. Auch diese göttlichen Boten befinden sich somit sofort wieder in Erlösungsprozessen, welche in ihrer Aura sichtbar sind.

Verkündet ein inkarnierter Mensch, er habe bereits alle seine karmischen Schulden aufgearbeitet und sei nun auf die höchsten Ideale ausgerichtet, sei licht und rein und ausschließlich mit den höchsten Wesen verbunden, dann ist größte Vorsicht geboten. Immer dann, wenn diese Dinge besonders großspurig ausgesprochen werden, sind die größten Altlasten dahinter verborgen. Die Liebe und die Wahrheit müssen sich niemals kundtun oder gar profilieren. Die Wahrheit wirkt in der Stille, und wenn sich eine Seele über ihre Mitmenschen erheben möchte, geschieht dies meist aus dem einen Grund, dass der Mitmensch in seinem Energiefeld herabgedrückt und somit geschwächt wird. So wird dem Gegenüber die Energie abgezogen, indem der andere durch die Bewunderung und damit verbundene Energieübertragung den eigenen Energiemangel ausgleicht.

Erkennt man solch ein Vorgehen, ist es wichtig, nicht mit diesem Menschen oder eventuell auch einer Gruppe in eine Auseinandersetzung zu geraten, da in diesem Fall ebenfalls Energie durch Ärger und Ablehnung übertragen wird. Es ist manchen Einheiten sogar absolut egal, auf welche Art sie Energie erhalten, ob über Anbetung und Bewunderung oder über Ablehnung und Zorn. Die Hauptsache ist, es wird Energie übertragen. So ist es am vorteilhaftesten, sofern nicht jemand um Hilfe bittet, solche Geschehnisse gefühlsmäßig und gedanklich möglichst unbeachtet zu lassen, da solche Menschen und Gruppierungen vermutlich ohnehin keine Einsicht zeigen und zudem ebenfalls das Recht auf ihren Erkenntnisweg haben. Gute Wünsche für ihre geistige Führung sowie den Prozess des völligen Loslassens, lösen eventuelle letzte Verknüpfungen.

Die karmischen Muster einer Seele können sich bereits bei der Bildung des Körpers in der Embryonalzeit zeigen. Am Beispiel einer Frau kann man erkennen, dass Dinge, auch wenn sie für die Mitmenschen manchmal nicht nachvollziehbar sind, dennoch einen Grund haben und somit wichtig, wertvoll und nicht zu verurteilen sind.

Eine Frau hatte sich zu einer Abtreibung entschlossen, nachdem sie sich mit ihrem Mann mitten im Aufbau einer neuen Existenz befand und bereits zwei Kinder geboren hatte. Die Familie war nach ihrem Ermessen vollständig und sie fühlte nicht die geringste Kraft, dieses Kind auch noch auszutragen und ihr Leben nochmals völlig umzustellen. So wurde die Abtreibung durchgeführt, aber sie war im Anschluss nicht frei von Schuldgefühlen, da ihr Umfeld ihr immer wieder diesbezüglich Probleme bereitete. Es stellte sich beim Kontakt mit der Seele, die sich durch sie einen neuen Körper aufbauen wollte, heraus, dass diese Seele in ihrer früheren Inkarnation ein Arzt gewesen war, der aus finanziellen Gründen eine Vielzahl von Abtreibungen an Frauen vorgenommen hatte, welche nicht unbedingt als notwendig angesehen werden konnten. So durfte er am eigenen Leib erkennen, wie es sich anfühlt, wenn einem die neue Existenzgrundlage genommen und ein Embryo abgetrieben wird. Im Austausch mit dieser Seele wurde klar, dass jener frühere Arzt seine Lektion gut verstanden und liebevoll angenommen hatte. Die Frau, die die Abtreibung veranlasst hatte, konnte die geistige Gesetzmäßigkeit des Geschehens bald fühlen, und alle Zweifel wichen von ihrer Seele. Sie war frei in dem Wissen, dass auch dieses Vorgehen seinen Sinn und seine Berechtigung gehabt hatte.

So sollte man behutsam sein, bestimmte Geschehnisse vorschnell als richtig oder falsch zu bewerten. Es geht weder um einen Freibrief für den Eigenwillen noch um Verurteilung. Alle Erlebnisse und Handlungen haben ihren tieferen Sinn, wenn sie vor dem Hintergrund einer höheren Entwicklung geschehen werden.

Auch im Säuglingsalter oder in der Kleinkindzeit zeigen sich bereits viele karmische Altlasten. So sind viele Allergien nicht nur durch ein Übermaß an Giftstoffen verursacht, die die Umweltverschmutzung inzwischen bereit hält, sondern stellen teilweise eine Schockreaktion auf die Substanzen dar, die in der Erinnerung an eine frühere Todeserfahrung wiedererkannt oder derart in Bezug gebracht werden. Auf diese Weise entsteht eine heftige Reaktion in der kindlichen Seele. Auch Krankheiten, wie etwa die Pest, die eine ungeheuerliche Anzahl von Menschen aus ihren Körpern befördert hat, sind unter anderem die tieferen Ursachen für Hautreaktionen, Neurodermitis oder Allergien. Es sind unbewusste Angst- und Abwehrreaktionen, die in voller Stärke ausgelebt werden, damit sie schnell und nachhaltig aufgelöst werden können.

Auch Tierhaarallergie ist oft eine von der Seele selbst verursachte Altlast oder Schockverarbeitung. So zeigte sich bei einem vierjährigen Jungen, der sehr heftig von allergischen Hustenattacken und Hautausschlägen heimgesucht wurde, dass dieser in einer früheren Inkarnation in einem Kerker eine sehr schlimme Zeit durchlebt hatte. In diesem Verlies waren mehrere Menschen zusammengepfercht, und die hygienischen Umstände waren das Schrecklichste, was sich ein Mensch vorstellen kann. Das Essen war verschimmelt und einige Mithäftlinge starben und wurden von Ratten aufgefressen. Durch die Schwäche, die dieser Junge als Mann in der damaligen Inkarnation körperlich durchlebte, hatten die Ratten an ihm zu nagen begonnen, noch bevor er seine leibliche Hülle verlassen konnte. Dies hatte ihm größte Schmerzen und entsetzlichen Ekel verursacht und in ihm eine solche Narbe in seinem emotionalen Feld hinterlassen, dass er dieses Erlebnis bisher noch kaum verarbeiten konnte. So liebt er zwar von seiner göttlichen Seele her die Tiere, da er in den Folgeinkarnationen einen sehr schönen Entwicklungsprozess durchlaufen hatte, konnte jedoch diesen Bereich, den er nun in das gegenwärtige Leben mitgenommen hatte, noch nicht vergessen. Unbewusst wirkte es bei der geringsten Nähe oder Berührung von Tierhaaren oder Tierenergien auf ihn ein und verursachte heftigste Reaktionen.

Dieses Erlebnis hört sich zwar schrecklich an, aber wenn wir den Verlauf der menschlichen Geschichte betrachten, wird klar, dass stets der Schrecken und der Tod Begleiter des menschlichen Daseins waren. Krieg, Machtkämpfe und Streit waren innerhalb von Familien an der Tagesordnung, und noch bis vor kurzem wurden Nachbardörfer und Länder überfallen, um Nahrung, Macht, Reichtum und Land zu gewinnen.

Je nach Ausprägung der Liebesfähigkeit kann eine junge Persönlichkeit mit jeder körperlichen Reaktion ein Stück dieser Altlasten abbauen, und sobald die Hälfte des Karmas abgetragen ist, werden die Reaktionen leichter, und nach einer gewissen Zeit kann sich eine negative Prägung wieder vollständig aufgelöst haben.

Ein immer wiederkehrendes, dramatisches Erleben stellen die »Angriffe« von dunklen Energiefeldern dar. Bereits im Volksmund erzählte man sich, dass einen des nachts wieder »die Hex gedrückt habe«. Das bedeutete stets, dass ein Energiefeld nachts auf die Brust, im Bereich des Herz-Chakras, gedrückt und der jeweiligen Person Lebensenergie abgezogen hatte. Dabei wurden meist negative Emotionen übertragen. Dieses Vorgehen wurde stets sehr schrecklich empfunden und der Brustdruck sowie die große Atemnot wurden von wirklich großer Angst, manchmal sogar Todesangst begleitet. In den meisten Fällen beteten die Menschen das »Vater Unser«, was in der akuten Phase auch wirklich half, und nach einiger Zeit ließ der Angriff wieder nach. Auch Kinder berichten von solchen nächtlichen Attacken. Jedoch kann auch hier davon ausgegangen werden, dass nicht irgendwelche fremden Einheiten willkürlich den Menschen angreifen dürfen und man so stets Angst haben müsste, man könnte in solch eine Situation geraten. Immer haben solche Vorgänge einen Hintergrund und tragen in sich bereits die Lösung. So kann ein altes Karma durch Anwendung der Voodoo-Magie ebenso dahinter stecken wie eigene abgespaltene Teilbereiche, die sich irgendwann durch eigene Zuwendung in lieblosen Ebenen verfangen haben und nun einfach nur wieder »nach Hause« möchten.

In einem Fall wurde eine junge Frau von einem bestimmten Zeitpunkt an immer wieder des nachts von solch einer dunklen Wesenheit aufgesucht und über der Brust gedrückt und eingeklemmt, dass es ihr fast den Atem nahm. Sie bekam große Angst und erinnerte sich, dass sie bereits als Kind unter solchen Erlebnissen zu leiden gehabt hatte.

Bei dieser Frau zeigte sich dann, dass sie als Mann in einem früheren Leben bei einem damals durchaus durch das Gesetz erlaubten Duell einen anderen Mann getötet hatte. Bei diesem Vorgehen spalteten sich von dem getöteten Mann noch dunkle Teilbereiche seiner Seele, erfüllt von Zorn und Schuldzuweisung auf das Leben, ab und waren fortan in erdnahen Sphären gebunden. Diese waren mit ihren Schwingungen gleichgeartet wie die abgespaltenen Seelenteile. Bevor sich jener Mann, der damals das Duell gewann, im jetzigen Leben als Frau reinkarnierte, sammelten sich die in der jenseitigen Welt abgespaltenen Seelenteile ihres getöteten Kontrahenten um sie. Diese hatten sich nach seinem Tod als abgetrennte Einheiten in der Astral-Ebene aufgehalten. Als die jetzige Frau in die Inkarnation eintrat, konnten sich jene Seelenteile, die eigentlich zu ihrem getöteten Gegner gehörten, um sie sammeln, um ihr Energie abzunehmen, da sie, geistig gesehen, für die Abspaltung verantwortlich war. Die geistige Führung lässt solch ein Geschehen zu, da es der Wiedergutmachung dient und auch den abgespaltenen Teilen und der jenseitigen Seele hilft, sich wieder zu einen und in der Entwicklung weiterzuschreiten. So ist die scheinbare nächtliche Bedrohung in Wahrheit der Hilfeschrei einer dunklen Einheit, die eigentlich nichts Böses mehr will, sondern nur keinen Ausweg mehr sieht, aber ebenfalls Energie benötigt und vom Wesen her meist ebenfalls zurückkehren möchte. Wird diese Einheit nun in Liebe angenommen und werden Engelwesen gebeten, diese Teilbereiche zu führen und zu leiten, kann eine Loslösung stattfinden. Zuvor sollte man noch um Verzeihung bitten, dann kann mit liebevoller Zuwendung die weiterziehende Einheit noch ein Stück begleitet werden.

Manche Teilbereiche aus früheren Inkarnationen benötigen für das vollständige Umstellen ihres Programms eine große Zeitspanne und stete Zuwendung, bis sie erkennen, ihre Prägung loslassen und in die göttliche Ordnung zurückkehren können. Werden einem die Inhalte bewusst, wird die Verarbeitung enorm beschleunigt und der Strom der Liebe fließt kräftiger in diesen Bereich.

So kann ein intensiver Schwur aus einer früheren Inkarnation der Anlass sein, dass eine Ehe in diesem Leben mit fortwährenden Problemen behaftet ist und so unangenehm wird, dass eine Bewältigung extrem schwierig wird. Dies konnte man bei einer Frau deutlich erkennen, die mit ihren eigenen ablehnenden Gefühlen seit ihrer Heirat und dem daraus resultierenden inneren Druck kaum mehr fertig wurde. Es zeigten sich bereits die ersten körperlichen Symptome, und der Energiepegel wurde immer schwächer. Es stellte sich heraus, dass diese Frau einem anderen Mann in einem früheren Leben einen Schwur geleistet hatte, der mit ewiger Treue und dem Gelöbnis besiegelt war, nie, bis ans Ende ihres Daseins, einen anderen Mann zu lieben oder sich ihm hinzugeben. Mit magischen und rituellen Zeremonien wurde dieser Schwur besiegelt und somit tief in ihrer Seele verwurzelt.

Es ließen sich tatsächlich dichte Zugänge und Verzweigungen in der Aura der Frau erkennen, die zu einem Energiefeld führten, welches als unerlöste Restform im erdnahen Feld im feinstofflichen

Bereich verweilte und zu der damaligen Männerseele gehörte. Die jenseitige Seele, die die gleichen Schwüre wie der damalige Partner geleistet hatte, war somit ebenfalls an diesen alten Eid gebunden und konnte sich nicht lösen und auf ihrem geistigen Weg weitergehen.

Sehr oft werden diese Bindungen unterschätzt, und man sollte im Laufe des Lebens immer vorsichtig sein, welche Versprechungen man gibt und ob man sie überhaupt einlösen kann. Am unabhängigsten bleibt man, wenn man hinter eventuelle Versprechungen Worte anhängt wie: »Wenn nicht etwas Gravierendes dazwischen kommt, werde ich es erledigen.« oder »...solange es in Liebe geborgen bleibt.« In jedem Fall sollte hinter festlegenden Worten immer das Wissen bestehen bleiben, dass alles im Energiefeld der Christus-Kraft fließt.

So konnte nach der Erkenntnis, was sich hinter der Unruhe und Angst dieser Frau verbarg und die Verbindung mit einem neuen Partner extrem störte, eine Loslösung eingeleitet werden. Auf geistiger Ebene nahm diese Frau Kontakt zu der jenseitigen Seele auf, und mit der Bitte um Schutz und Führung durch die Christus-Kraft sprach sie sich von dem alten Schwur los. Den noch wirkenden Bereichen aus der damaligen Zeit wurde die Bindung erklärt und auf die Freiheit jeder Seele hingewiesen. Mit der Zeit zeigte die Loslösung Wirkung. Die Blockade brach auf und die energetischen Bande lösten sich. Langsam fühlte sich die Frau befreit, und die heilenden Kräfte konnten wieder zu ihr fließen.

Zugleich lösten sich auch die Bande mit der damaligen Partner-Seele, und auch sie konnte sich im freien Fluss der Kräfte wieder weiterbewegen. Es war eine glückliche Erfahrung für die Frau, im Einklang mit den liebevollen Kräften frei zu werden und auch der damaligen Seele geholfen zu haben. Es blieb natürlich nicht aus, dass solche alten Muster sich zuerst gegen ihre Auflösung wehrten, da sie annahmen, ihre Existenz müsste aufgegeben werden, aber im Gefühl der Liebe und der Geborgenheit ließen die alten Einheiten los und wurden aufgenommen in das persönliche Energiefeld. Es wurde ihnen die Neuausrichtung erklärt, und da sie keinen Druck, sondern Liebe fühlten, konnten sie sich schnell verändern.

Sehr häufig erlebt man Beziehungsprobleme, die von Prägungen aus früheren Klosterzeiten bei Frauen herrühren. Der Grund ist die Entsagung der Verbindungen mit Männern durch ein Gelübde. Unfruchtbarkeit hat hier häufig ihre Ursache. Jene alten Schwüre, keine sexuelle Verbindung einzugehen, verursachen so manche Ablehnung einer wirklich tiefen gefühlsmäßigen Öffnung für einen Partner. Dies alles hängt mit jenen geleisteten Kirchenschwüren zusammen.

Auch Männer, die in einer früheren Inkarnation das Zölibat abgelegt hatten, haben manchmal Schwierigkeiten in Beziehungen zu Frauen oder tragen solch ein intensives Feld in sich. Dies bedingt, dass Frauen gar nicht auf sie zukommen können, da sie schon von weitem, auf feinstofflicher Ebene, spüren, mit welchen Widerständen sie sich anlegen würden, wenn sie diesen Mann als Partner wählten. So halten sie sich fern, um keinen inneren Konflikt auszulösen, da die Bindungen meist noch sehr stark wirksam sind.

Ein nicht zu unterschätzender Bereich, der den persönlichen Reifeprozess behindert, sind alte Verwünschungen und Flüche. Es war in alten Zeiten an der Tagesordnung, dass man Menschen, die entweder anders gesinnt waren oder den eigenen Plänen oder der Familie im Weg standen, verfluchte, verwünschte und ihnen auf ewig »die Pest an den Hals« wünschte. Bei persönlicher Verletzung waren Aussprüche wie: »Ich verfluche dich auf ewig« oder »Ich wünsche dir die Hölle auf Erden!« ein üblicher Vorgang.

Wurden solche Flüche und Verwünschungen mit großer Macht, tiefem Hass oder gar mit magischer Unterstützung ausgesprochen und bekräftigt, bleiben diese Gedankenformen bestehen und wirken bis in die heutige Zeit nach. Man kann in der Meditation diese alten Verfehlungen den Engeln zur Lösung und Harmonisierung übergeben und dabei folgende Worte sprechen: »Alle Seelen, denen ich etwas angetan habe, bitte ich um Vergebung, wie auch ich allen Seelen vergebe, die mir etwas angetan haben. Mit Hilfe der Liebe Christi möge es geschehen!« Mit dem aufrichtigen Wunsch nach Liebe und Befreiung lassen sich so große energetische Loslösungen bewirken.

Ein weiterer wichtiger Aspekt in der persönlichen Entwicklung ist das Wissen, dass alle dem Menschen unangenehm erscheinenden Situationen stets einen tieferen Sinn beinhalten. Lebenswege, die mühsam und schmerzlich sind, werden nur so lange andauern, wie die Persönlichkeit benötigt, um weiter zu kommen, etwas zu verarbeiten oder sich zu lösen. Ist die Situation bereinigt und geläutert, wird sie sich verändern. Entweder es öffnen sich gänzlich neue Wege oder man hat sich eine innere Zufriedenheit erarbeitet und bestehende Situationen werden nicht mehr als belastend und negativ angesehen. Hat man sich solch einer Situation geöffnet und sich liebevoll der Annahme und Verarbeitung gewidmet, kann man sich in Demut an die geistige Führung wenden, um eine Veränderung zu erbitten, und sobald es irgend möglich ist, wird eine neuer Weg aufgezeigt.

So ergab sich bei einer Frau, dass sie sich mit aller gefühlsmäßigen Wucht und langsam aufgebautem Hass auf ihren jetzigen Ehemann ein extremes Verarbeitungsfeld aufbaute. Sie fühlte sich von ihrem Mann als Sklave behandelt, unterdrückt und konnte aus ihrer Sicht überhaupt nicht ihr eigenes Leben leben. Sie wagte auch nicht, dies zu verändern und ließ sich alles gefallen, was ihre innere Abwehr enorm vergrößerte. So ließ sie die Möglichkeit verstreichen, für ihre eigenen Bedürfnisse einzustehen und übermittelte durch ihr Nicht-Handeln auch dem Ehemann, dass sein Verhalten so wohl richtig sei. Die Frau hatte alles zu tun und für alles zu sorgen und sich auch noch die üblen Launen gefallen zu lassen, ohne Widerrede erheben zu dürfen. Der Mann äußerte stets auch gewisse körperliche Gebrechen, die die Frau veranlassen sollten, auch ja dienstbar zu sein.

Es dauerte nicht lange und die Frau erkrankte an Krebs. Die Zellen durchlebten für sie den Ausbruch aus der bestehenden Situation, und unbewusste Hilfsenergien veranlassten eine körperliche Krankheit, um die Schuld dieser Krankheit auf den Ehemann übertragen und für die Öffentlichkeit somit eine scheinbar reale Tatsache vorweisen zu können. Ein großer Teil des angestauten Hasses auf den Ehemann materialisierte sich als Eiter und Gewebewasser, welches der Körper somit als Ausdruck der Emotionen für die Frau verarbeitete. Da sie aber den Zorn nicht wirklich aufgab und den Hader mit ihrem Leben und mit Gott nicht in die Liebe bringen konnte, ließ auch die körperliche Auswirkung nicht nach, und der Krebs kehrte immer wieder zurück. Schließlich verabschiedete sie sich aus ihrem Leben und verharrte mit ihren Seelenteilen eine gewisse Zeit im erdnahen Feld. Dort erkannte sie, dass sie aus einem früheren Leben große Schuld auf sich geladen hatte, indem sie in der damaligen Inkarnation ihrem jetzigen Ehemann großen Schaden zugefügt hatte. Sie hatte sich für dieses Leben unter anderem vorgenommen, diese Altlast zu verarbeiten und für den Mann zu sorgen und ihm ebenfalls eine Neuorientierung zu ermöglichen, um aus den bestehenden männlichen Machtfeldern heraus zu kommen. Nachdem sie dies erkannt hatte, empfand sie großes Bedauern, diesem Mann so lange solchen Hass entgegengebracht zu haben.

Energetisch konnte sie durch die Materialisationen ihres Körpers, durch den Krebs, den Eiter und die Sekrete, trotz des alten Widerstandes, sehr viel von ihrer aufgebauten Emotionslast auflösen. Die restlichen Energien konnte sie durch das tiefe Gefühl der Demut, das sie in der jenseitigen Welt entfalten lernte, mit Unterstützung von ihren Helfern abtragen. So war es ihr doch noch möglich, den größten Teil ihres Aufarbeitungsprozesses zu bewältigen. Der Mann jedoch hatte durch die unausgesprochenen Probleme nicht die Möglichkeit der Erkenntnis, und seine Einstellung ließ eine Aufarbeitung nicht zu. So blieb er in seinem Muster gefangen und versuchte in der Folge, seine Machtausübung und Unterdrückung mit der Tochter fortzuführen, welche ihm aber zu seinem Glück einen Strich durch die Rechnung machte.

Dieses Beispiel macht deutlich, dass Krankheit nicht als Strafe angesehen werden sollte. Sie kann, wie in diesem Beispiel, auch als tatkräftige Unterstützung des Körpers angesehen werden, um mitzuwirken, die feinstofflichen Ursachen abzubauen. So kann Krankheit als Auflösung und als Hinweis dienen und ist somit eigentlich Gesundwerdung, welche sich als Krankheit bemerkbar macht.

Es wirken zum einen durch karmische Altlasten aus früheren Inkarnationen gewisse Seelenkräfte, die noch auf das Licht der Liebe ausgerichtet werden müssen, zum anderen spielen die Bindungen an alte Kulturen oder Traditionen eine Rolle.

So zeigte sich am Beispiel eines Mannes, der ständig unter einem extremen Energiemangel litt, dass dieser in einem früheren Leben in Ägypten mumifiziert worden war. Alle seine Organe wurden entnommen und in Urnen gegeben, seine Drüsen dagegen getrennt aufbewahrt. Da diese damalige Inkarnation intensiv an der Glaubensüberzeugung festhielt, dass bei der Rückkehr der Seele dieser Körper wieder benutzt werden würde, sind sehr viele persönliche Energien an den Töpfen und der Körperhülle zurückgeblieben, an denen sie bis zum heutigen Tage noch hängen. Da die Seele es sich nun zur Aufgabe gemacht hatte, alle diese Teile heimzuholen, wurden die Verbindungen zugelassen und somit ein Kontakt zu diesen Bereichen eingeleitet. Stetig floss ihnen Energie zu, und dem Mann standen diese Kräfte für sein jetziges Energiefeld nicht zur Verfügung. Nachdem die Seelenteile in dem ägyptischen Feld gedanklich erreicht werden konnten und ihnen eine neue Ausrichtung geboten wurde, erkannten sie den geistigen Hintergrund, und der Mann konnte die alten Bereiche wieder zurückholen. Dies verursachte zu Beginn des Prozesses eine große energetische Unruhe, doch mit der Zeit glichen sich die Teilbereiche an, und eine Harmonisierung konnte stattfinden. Solche Angleichungsprozesse von Teilbereichen verlaufen immer in Harmonie mit dem Streben der Seele und der Erkenntnis des wirkenden Teilbereiches. Berührt man einen Teilbereich, der sich etwa in der Nikotinsucht verfangen hat, und versucht diesen willkürlich, ohne den intuitiven Impuls aus höherer Ebene, aus seiner Verhaftung zu lösen, stößt man auf Widerstände, die kaum zu bewältigen sind. Zugriffe aus dunklen Energiefeldern, die das Suchtverhalten fördern, werden nicht von der geistigen Führung behütet, und eine energetische Verstrickung kann sich sehr schnell einstellen.

So waren jene Teilbereiche, die in bestimmten Lebenssituationen und durch innere Impulse aufgezeigt wurden, in ihrem Inneren stets für ihre Wiedereingliederung bereit, auch wenn sie anfangs intensiv auf der Durchsetzung ihrer eigenen Programme beharrten. Haben jene Teilbereiche mit ihrem abgespaltenen seelischen Bewusstsein wieder den Weg zu ihrer seelischen Einheit erkannt, hören sie auf, ihren Eigenwillen durchzusetzen und vertrauen auf den nun wieder stattfindenden energetischen »Einfluss« ihrer höheren Seelenkräfte. Sind die Teilbereiche auch von der Persönlichkeit erkannt und werden sie in Liebe angenommen, öffnet sich das aurische Feld der Person und die abgetrennten Energiefelder strömen ein und gleichen sich an. Sie werden eingegliedert und erhalten ihre Energie aus den Herzenskräften ihrer Gesamtseele. Meist ist in solchen Augenblicken eine wundervolle Liebe und Freude zu empfinden, auch wenn der heimkehrende Teil noch viele Fremdenergien und Gefühle mitbringt, die verarbeitet werden müssen. Es ist hier von großer Bedeutung, zu verstehen, dass die Persönlichkeitsebene, auf der auch jene abgespaltenen Teilbereiche wirken können, in den meisten Fällen deutlich verschieden ist vom göttlichen Selbst des Menschen. Der gesamte geistige Entwicklungsprozess zielt darauf ab, die Persönlichkeit auf die Ebene des göttlichen Selbst emporzuheben.

Viele der anhaftenden Gefühle strömen über das Sonnengeflecht ein und sind in diesen Momenten sehr unangenehm fühlbar. Die Herz-Kräfte jedoch wandeln diese Lasten in Liebe um; und nach einiger Zeit sind die Gefühlsströme wieder ausgeglichen.

Bei einem Mann, der immer wieder seltsame Stimmen und Geräusche hörte, stellte sich heraus, dass dieser in einer sehr alten Gemeinschaft im jetzigen Sibirien eine Tradition pflegte, die manche Seelen von Verstorbenen nach ihrem Tod nicht in die jenseitigen Bereiche weitergehen ließ, sondern sie mit magischen Ritualen an die Erdsphäre band, um von diesen Verstorbenen Informationen und Weissagungen aus den jenseitigen Welten zu erhalten. Da dieser Mann in der damaligen Priesterschaft tätig war und somit maßgeblich für viele solcher Vorgehen verantwortlich war, musste ein Teil seiner damaligen Persönlichkeit ebenfalls an diese Ebenen angebunden bleiben, um zu der Erkenntnis zu gelangen, dass dies wohl nicht der rechte Weg sein konnte. Nachdem er diesen Hintergrund erkannte, durfte er den alten Teil seiner Seele angliedern und ihn neu ausrichten und gleichzeitig mit diesem Vorgehen vielen anderen gebundenen Seelen helfen. So konnte er sich von der Altlast befreien. Von diesem Zeitpunkt an hörte er keine Stimmen mehr, da er sich restlos aus dieser Ebene lösen konnte und auch den anderen Seelen Unterstützung mitgeben durfte. Nach kurzer Zeit lösten sich die verknorpelten feinstofflichen Seile in seiner Aura, und das Energiefeld stabilisierte sich.

So sind die Hintergründe vielfältig und können individuell sehr unterschiedlich sein. Auch kann die Auswirkung einer Krankheit bei verschiedenen Menschen einen jeweils anderen Hintergrund aufweisen, obwohl sie körperlich die gleichen Symptome zeigt. Eine Pauschalierung der geistigen Hintergründe ist meist nicht möglich. Die Annahme und die liebevolle Verarbeitung löst jedoch in allen Fällen alte Muster und lässt eine Seele freiwerden.

XVII.

MAGISCHE ALTLASTEN

So fremdartig sich der Begriff der magischen Altlasten auch anhört, so kann er dennoch für die Freiheit einer Seele auf diesem Planeten von entscheidender Bedeutung sein. Nicht selten sind Seelenteile an magische Gedankenformen gebunden, und erst deren Auflösung und Ausrichtung auf die Liebe und den freien Fluss der Schöpferkräfte kann den weiteren Fortschritt und die Durchlichtung einer Seele vorbereiten.

Mit magischen Altlasten wird hier unter anderem auch die Energie verstanden, die benutzt wird, um Flüche und Verwünschen zu aktivieren, intensive magische Eigenversuche, die die Persönlichkeit selbst unternommen hat. Auch Bindungen an verschiedene magische Kultstrukturen, deren Loslösung für dieses Zeitalter notwendig und wichtig ist, gilt es zu beachten.

So sind gegenwärtig einige lichtvolle Seelen inkarniert, die sich nicht in die Magie verstrickt haben, jedoch der größte Anteil der derzeit inkarnierten Seelen hat auf die eine oder andere Art Bande mit der Magie geknüpft.

Manchmal ist es sogar von Wert, wenn sich eine Seele auch mit der schwarzen Magie auskennt und sie erlebt hat, damit sie in der Zukunft bei der Durchführung vielleicht großer Aufgaben nicht mehr von dieser Kraft verführt und aufgehalten werden kann. Nicht selten sieht man bei solchen Seelen intensive Kontakte und Erlebnisse, ebenso wie eigene magische Handlungen, die nicht immer vollkommen von den bestehenden Weltstrukturen gelöst werden konnten.

Das Wort »magisch« hört sich vielleicht etwas bedrohlich an, doch es ist nicht notwendig, sich zu ängstigen. Die Liebe ist stets die stärkste Kraft, und jeder Mensch, egal welche Last er trägt, aus persönlichen oder kollektiven karmischen Banden, wird immer unterstützt aus der geistigen Welt. Niemandem wird etwas zugemutet, was er nicht auch bewältigen kann.

So zeigte sich bei einer jungen Frau, die enorm unter Schwächegefühlen und Unsicherheit litt, dass sie in einem früheren Leben in einer Sekte, die sich auf dunkle Kräfte ausgerichtet hatte, tätig war und ihr in magischen Kulthandlungen stets Lebensenergie abgenommen wurde. Unter ihren Augen bildeten sich dunkle Ringe, sie war bleich und schwächlich und ihr emotionaler Haushalt war immer wieder durchtränkt mit negativer Energie. Ihre Aura sah in diesen Momenten verdunkelt und extrem ungeordnet aus, und Verbindungen führten in Energieebenen, die dicht und dunkel wirkten. Sie verband sich in diesem früheren Leben mit jener Sekte, da sie glaubte, bei ihr den Weg zur Göttlichkeit zu finden, erkannte aber im Laufe ihrer Zugehörigkeit, dass dies nicht der Fall war. Für die jetzige Inkarnation hatte ihre Seele sich vorgenommen, dabei mitzuhelfen, diesen alten Kult zu lösen. Daher verband sie sich bei Geburtseintritt und in den Folgejahren mit diesen Energiefeldern. Nachdem sie das Alter erreicht hatte, in dem sie auch in der Vergangenheit in die Sekte eingetreten war, intensivierten sich die alten Bande, und die inzwischen nicht mehr inkarnierten Seelen einiger damaliger Sektenmitglieder, die in sehr dichten jenseitigen Ebenen lebten, zogen aus dem Energiesystem der Frau stetig Energie ab und versuchten, sie in Abhängigkeit und Zwängen zu halten. Die alten Muster waren immer noch aktiv, und die Seelenbereiche der damaligen Macht immer noch gebunden an ihre selbstgeschaffenen Strukturen. So hatte die junge Frau nicht nur ihre eigenen karmischen Verbindungen gelöst, sondern mitgeholfen, auch die Erkenntnis der Liebe in den jenseitigen Seelen zu aktivieren und diese somit unterstützt, damit sich das Feld der alten Sekte auflösen konnte.

Das Feld der Magie ist ein sehr heikles Thema und sollte sehr vorsichtig behandelt werden. Sehr schnell fühlen sich Energiefelder in ihrer Struktur gestört oder angegriffen, wenn die Erkenntnis nicht in Verständnis und Liebe erfolgt, sondern in Verurteilung oder Ablehnung. Da diese Felder noch sehr machtvoll auf diesem Planeten wirken, sollte eine Verarbeitung immer mit der Bitte um die Unterstützung der Christus-Kraft erfolgen. Nur die höheren geistigen Kräfte bringen wirklich Schutz und Hilfe.

Man darf auch hier nicht vergessen, dass wir durch die energetischen Zugänge mit allem verbunden sind und eine wesensgleiche Energie sofort in Kontakt treten kann. Solche Verbindungen benötigen kaum einen Bruchteil von Sekunden und werden im Feinstofflichen gedankenschnell übermittelt.

Ein starkes geistiges Feld bilden auch noch immer die Streitigkeiten und kriegerischen Auseinandersetzungen, die sich noch bis vor kurzem auch im europäischen Raum ereignet haben. Von den jeweiligen Machthabern wurde viel Hass geschürt, um das Handeln zu rechtfertigen und gute Kämpfer zu erziehen. Nicht selten wurde mit Lug und Trug ein Konflikt erzeugt, manchmal mittels einer bestimmten Person, die als der personifizierte Angriffspunkt hergenommen wurde, um ein ganzes Volk gegen das andere aufzuhetzen. Da der Hass zur Entladung strebt und feinstoffliche Dunkelwesen alles daran setzten, diesen zu schüren, blieb die gewaltsame Auseinandersetzung in den wenigsten Fällen aus. Konnte in einem bestimmten Zeitrahmen ein Krieg vermieden werden, brach er zu einem späteren Zeitpunkt aus, und ein Brudervolk kämpfte gegen das andere, da sich die Energien nicht von alleine auflösen, sondern nur die Liebe dies bewerkstelligen kann. Bleibt die Liebe aus, drängen die angestauten Emotionen immer zur Verwirklichung.

So haben auch rivalisierende Familien untereinander sehr starke Felder aufgebaut, und manches Hassfeld wirkt immer noch nach und wird von Generation zu Generation weitergegeben.

Bei einer Frau, die unter immer wiederkehrenden Angstattacken litt, Hautprobleme aufwies und trotz großen Kinderwunsches nie schwanger werden konnte, stellte sich heraus, dass sie mit weiteren Mitgliedern ihrer damaligen Familie als Antwort und Rache für die Ermordung ihrer Männer zwei Frauen aus der verhassten anderen Familie, die aus ihrer Sicht maßgeblich an der Situation beteiligt waren, mit einem Fluch belegt hatten, welcher diesen Hautausschläge, Kinderlosigkeit und langsames Siechtum bescheren sollte.

Sehr bald erkannte die Frau bereits in der damaligen Inkarnation, dass sie in ihrem Hass zu weit gegangen war, aber das Energiefeld ließ sich nicht mehr aufhalten. So hatte sie es sich zur Aufgabe gemacht, dieses Feld in der jetzigen Inkarnation abzutragen. Mit jeder Angstattacke konnte sie einen weiteren Teil dieser Energie abbauen, und mit ihren Hautproblemen und der eigenen Kinderlosigkeit übernahm sie die ausgesandten Verwünschungen.

Auch hier kann man sehen, wie wunderbar und voller Weisheit sich so manche Krankheit darstellt und in Wirklichkeit ein Segen und kein neu wirkender Fluch ist.

Da diese Frau in Träumen und mittels Stimmen, die sie sich endlich eingestand zu hören, immer wieder den Ausspruch ihrer Verwünschungen hörte, konnten alle Teilbereiche in ihr sofort ihr Karma annehmen. Sie konnte während der Angstattacken bewusst diese Energien betrachten, sie liebevoll akzeptieren und voller Dankbarkeit über diese Möglichkeit der Verarbeitung sehr schnell in der Auflösung voranschreiten. Nach kurzer Zeit waren die Felder gelöst, und nachdem sie sich auf geistigem Wege intensiv entschuldigt und um Verzeihung gebeten hatte, konnten die geistigen Helfer die Aufarbeitung kraftvoll unterstützen und die Energiefelder harmonisieren.

Da viele Bereiche noch völlig unbewusst in der Aura lagern, kann es sinnvoll sein, wenn man, auch wenn sich keine aktuelle Situation zeigt, sich die Zeit nimmt, um sich in die Ruhe zu begeben und immer wieder die Worte zu formulieren, mit denen man sich bei Menschen entschuldigt, denen man eventuell etwas angetan oder denen man lieblose Energien gesandt hat. Gleichzeitig kann man auch all den Menschen verzeihen, die einem selbst vielleicht etwas angetan haben. Mit dem aufrichtigen Gefühl und der tiefen Bitte um Unterstützung durch die geistige Führung kann man sich von vielen karmischen Lasten befreien und Felder auflösen, die sich dann nicht mehr zeigen müssen. Wichtig ist dabei natürlich, dass man auch an der Ausbildung des eigenen Charakters arbeitet und somit alle Energien liebevoll und in Harmonie aufgelöst werden.

Ein weiterer, noch immer stark wirksamer Bereich aus alten Zeiten ist das Feld der Inquisition. Es gibt nur wenige Menschen, die aus dieser Zeit der Verfolgung nicht noch Muster und Ängste zu verarbeiten haben. Da diese Epoche sehr lange andauerte und mitunter sehr heftig durchlebt werden musste, existieren noch immer wirkungsmächtige Felder. Nicht nur persönliche Blockaden, Ängste und aufgezwängte Schuldversprechen, sondern auch das die gesamte Inquisition verursachende Energiefeld ist noch vorhanden. Dieser Bereich, mit der in ihm wirkenden lieblosen Wesenheit, hat immer noch nicht verstanden und versucht auch weiterhin, seine Macht und Überheblichkeit über Menschen auszuleben, die sich davon hinreißen lassen und den Einflüsterungen nachgeben.

Viele Menschen, die aus dieser Zeit Probleme zu bewältigen haben, fühlen immer noch das bestehende Feld, und es fällt ihnen deshalb besonders schwer zu glauben, dass ihnen solch ein Erlebnis nicht mehr bevorsteht. Unbewusst wird die Nähe und die Gefahr, die immer noch von diesem Feld ausgeht, gefühlt, was sehr oft energetische Verkrampfungen verursacht.

So haben viele Menschen Angst, ihre spirituellen Überzeugungen in der Öffentlichkeit preiszugeben. Sollen sie vor einer Gruppe über spirituelle Themen sprechen, steckt ihnen energetisch immer noch eine Blockade im Hals, und je nach der Stärke des Erlebnisses wirken sich die alten Unterdrückungsfelder aus. Diese alten Ängste benötigen mitunter einige Zeit, um die aufgebauten Felder und Spannungen sowie die Zugänge zu den noch bestehenden Energiefeldern zu lösen und Harmonie und Frieden aufzubringen.

Manchmal werden Menschen durch die Anknüpfung an solche Altlasten innerlich völlig blockiert, sich den geistigen Fragen zu öffnen. Sie weigern sich vehement, da sie die Angst in sich fühlen und diese Themen ablehnen. Sie wollen damit nichts zu tun haben. Hier wird einfach Zeit benötigt, um zu der notwendigen Erkenntnis zu kommen. Manchmal sind solche Menschen, nachdem sie ihre Einstellung der Blockade gegenüber geändert haben, eine große energetische Unterstützung für die geistige Neuorientierung, die sich auf diesem Planeten ereignet.

Hat sich ein Mensch in einem früheren Leben bereits stark mit magischen Praktiken beschäftigt, wird er in diesem Leben mit Sicherheit eine große Anziehung gegenüber diesen Bereichen verspüren. Dies muss nicht immer negativer Natur sein, denn das Wissen wurde oftmals auch für heilende Zwecke eingesetzt. Jedoch ist die Magie immer auf den Eigenwillen ausgerichtet, wenn das Wissen und die menschlichen Entscheidungen nicht an den höheren Willen abgegeben worden sind. Ein solcher Mensch wird seinen Weg zu der inneren Ausrichtung auf die Schöpferkräfte vermutlich zuerst über das Sich-Beschäftigen mit der Magie beginnen. Sehr bald wird er aber erkennen, dass man grundsätzlich Verantwortung und Last auf sich lädt, wenn man die Geschehnisse nicht dem Schöpferstrom überlässt oder den inneren Impulsen folgt. Entscheidend ist die Verbindung zur Intuition, die die notwendige Information schenkt, wofür man sich in diesem Leben einsetzen soll. Dies ist eine sehr wertvolle Erkenntnis, und die lichtvollen Kräfte können in solch einem Menschen stark fließen.

Manchmal kommt es vor, dass sich ein Mensch, der in sich fühlt, dass es mehr gibt als die so genannten Alltäglichkeiten und das kurze Leben in der Materie, von »spiritistischen Offenbarungen« angezogen fühlt. Der Spiritismus beschäftigt sich vielfach mit okkulten Phänomenen, welche für die Entfaltung höherer Werte nicht von Belang sind. Jedoch darf der Spiritismus in seiner Bedeutung in zweierlei Hinsicht nicht unterschätzt werden. Zum einen hat er manchen Menschen auf bestimmte Wahrheiten aufmerksam gemacht; zum anderen besteht jedoch die Gefahr, dass in spiritistischen Sitzungen sehr niedere Wesen angezogen werden, die mit der Energie der Teilnehmer Materialisationen erzeugen und sich nicht selten als lebenslange Last und energetische Schmarotzer an das menschliche Energiesystem hängen. Es wurde nicht selten beobachtet, dass manche Menschen solch ein spirituelles Anhängsel aus früheren Leben mitgebracht hatten und dessen Einflüsterungen als ständiges Gerede im Ohr hörten oder auf andere Weise beeinflusst wurden.

Durch Unkenntnis werden zum Teil starke innere Verwirrungen hervorgerufen, da Dunkelwesen aus angrenzenden Ebenen sehr bemüht sind, die Kanäle offen zu halten und immer wieder Menschen in ihren Bann zu bekommen.

Doch auch hier ist die Liebe und das Verständnis der Weg, sich von allen Bindungen zu lösen und die Altlasten abzubauen, um frei und klar seinen Weg gehen zu können.

XVIII.

SICH FREIHALTEN VON BINDENDEN ENERGIESTRUKTUREN

Geistige Energien können sich in unterschiedlichster Weise zu Feldern gruppieren. Im Falle einer Frau konnte man beobachten, wie sie sich selbst gleich an mehrere Energiefelder ankoppelte und gleichzeitig noch in eine energetisch kriegerische Auseinandersetzung geriet.

Seit langer Zeit kam ihr Bruder wieder zu Besuch, da er sich auf dem Weg zu einem Seminar befand und an dem Wohnort der Frau Halt machen konnte. Ihr Mann und sie selbst nahmen ihn freundlich auf, jedoch bemerkte sie beim ersten Blick, dass ihr Bruder aus ihrer Sicht wieder sehr schlampig herumlief, die Schuhe schmutzig waren, der Pulli ein Loch hatte und am Mantel zwei Knöpfe fehlten.

Sie wusste, dass ihr Bruder schon immer keinen Wert auf diese Dinge gelegt hatte und konnte es immer noch nicht akzeptieren. Ihr Bruder war seit einigen Jahren verheiratet, und sie hatte gehofft, dass die Frau etwas mehr Wert auf sein Äußeres legen würde, was allerdings nicht der Fall war.

So ließ sie ihren Bruder Schuhe und Pulli ausziehen, ohne dass dieser darum bat, und nahm den Mantel mit, um all die Dinge zu flicken, zu putzen und die Knöpfe anzunähen. Sie fühlte, wie sie sich in der Rolle der Versorgerin gefiel, ebenso darin, ihren Bruder endlich zwingen zu können, sich ihrer Art der Ordnung zu unterwerfen. Sie bürstete auch noch den Mantel aus und übersah, dass der Bruder dies eigentlich gar nicht wollte und langsam ärgerlich wurde. Der Bruder fühlte sich inzwischen immer unwürdiger und schlechter und verstand auch nicht wirklich den Aufwand, den seine Schwester betrieb.

In dieser Frau hingegen brodelte inzwischen sogar eine Art Zorn auf, wie die Frau des Bruders denn so gar nicht auf ihn achtete und alles verschlampen ließ. Sie selbst fühlte sich durch ihre versorgenden Taten gut und ordentlich und empfand sich somit als besser und deutlich fortgeschrittener. Durch dieses Verhalten geriet sie zum einen sofort in einen geistigen Konflikt mit der Ehefrau ihres Bruders, da diese von der Schwester als schlecht und unvollkommen hingestellt wurde. Diese Ehefrau konnte aus ihrem derzeitigen Bewusstseinszustand das Leben noch nicht anders bewältigen und fühlte die Beleidigung auf feinstofflicher Ebene sofort. Weiter wurde sie durch die Wut, die die Schwester ihr entgegenbrachte, auch noch energetisch verletzt, was dieser nicht zustand und was es immer wieder auszugleichen gilt. Die Ehefrau versuchte natürlich, sich dieser Einmischung zu erwehren, und sofort gerieten beide in einen feinstofflichen Konflikt. Außerdem hatte sich die Schwester mit dem Feld ihres Bruders verbunden, mit dem dieser selbst ein Problem aufarbeiten musste und welches ihm nicht erlaubte, derzeit seine Umgebung zu ordnen. Somit hatte die Schwester durch diese Einmischung, der Fortnahme der Verantwortung und des sich »Darüber Erhebens« sich eng mit den Energiefeldern des Bruders verbunden und wurde von diesen gehalten und eingenommen.

Man gerät, sobald man glaubt, etwas besser zu können und weiter entwickelt zu sein, gleichzeitig aber noch in Verurteilungen verfällt, sofort mit den Feldern des Gegenübers in Kontakt und wird von diesen beeinflusst.

Die Frau war nicht mehr frei, und diese Bindungen nahmen das gedankliche und emotionale Verhalten auf lange Zeit ein. Da dem Bruder seine scheinbare Unterlegenheit auch noch so offen demonstriert worden war und er somit als klein und schlampig dargestellt wurde, hatte sich auch in seinem emotionalen Feld eine Abwehr und teilweise sogar Schmerz entwickelt, die sich auf die Schwester projizierten und diese zusätzlich noch belasteten.

Seit dem Tag des Besuches ihres Bruders war diese Frau nun schwach, und die Gedanken über den Bruder und dessen Frau ließen sie nicht los. Sie wurde sogar krank, da ihre geistige Führung nun endgültig von ihr verlangte, dass sie sich um ihr negatives Vorgehen kümmern sollte.

So war als Lernziel dieser Situation zu erkennen, dass man sich nicht mit dem Kulturfeld einer »guten Hausfrau« verbinden und dieses Programm lautstark verkünden sollte, sondern akzeptieren, dass jeder Mensch sein Leben so gestalten kann, wie er es für richtig hält.

Die Situation war auch für den Bruder so gegeben und richtig, wie er sie benötigte und wie er sie auch bestehen sollte, damit er seine Erkenntnisse daraus ziehen konnte. Vielleicht hätte ihn auf dem Seminar jemand so beleidigen sollen, dass er bis in die innerste Tiefe seines Selbst hätte erkennen können, dass er unbedingt in seinem Äußeren etwas verändern musste. Werden Dinge aus Eigenwillen von anderen weggenommen, kann die betroffene Person nicht mehr aus der eigenen Erkenntnis heraus handeln. So wäre es schön gewesen, wenn die Schwester möglichst dezent und vor allem ohne Druck und des sich Besser-Fühlens dem Bruder einen kleinen Hinweis gegeben und Unterstützung angeboten, aber danach wieder vollkommen losgelassen und die Dinge angenommen hätte, so wie sie sich darstellten. Auch sollte das Handeln der Ehefrau neutral betrachtet werden, da es wohl einen Grund hatte, dass der Bruder genau mit dieser Frau zusammen gekommen war und sie gemeinsam ihren Weg gingen.

So reagierten in der Schwester Teilbereiche, die sich mit dem Feld der »guten Hausfrau« verbunden hatten, um es allen recht zu machen und gut dazustehen und somit nicht aus eigenem intuitiven Ermessen den Haushalt zu gestalten, sondern so, wie es fremde Strukturen vorschrieben. Diese Felder übermitteln, wenn man sie ernährt, teilweise ein gutes Gefühl, verursachen aber auch starke Bindungen, die extrem einengen, wenn man sie nicht so auslebt, wie das Feld es wünscht. Gleichzeitig fühlte sich der Teilbereich der Frau besser als der Bruder und dessen Ehefrau und stellte sich somit auf ein geistiges Podest, welches zum Glück immer wieder umgestoßen wird.

Nachdem die Frau sich nach diesen Erkenntnissen bei ihrem Bruder auf innerem Wege für die Bevormundung, die Beleidigung und die Einmischung entschuldigt hatte, tat sie das gleiche mit dessen Ehefrau und wünschte beiden viel Liebe und Kraft für ihre Entwicklung. Nachdem sie auch das feinstoffliche Umfeld um Mithilfe für die Verarbeitung der entstandenen energetischen Last gebeten hatte, konnte das Feld sehr schnell geklärt werden. Die geistigen Bande verschwanden aus der Aura der Frau, und die aufgebauten emotionalen Wolken verwandelten sich in Liebe und Verständnis.

So sieht man auch hier, dass die Arbeit stets im eigenen Inneren beginnen muss, nicht im Äußeren oder bei anderen Menschen. Diese dürfen und sollen ihre eigenen Erkenntnisse beziehen und den Zugang zu ihrem eigenen Inneren selbst aufbauen. Niemand hat das Recht, sich energetisch in ein anderes Aura-Feld zu mischen, darauf einzuwirken und dort einzubringen, was man selbst aus seiner derzeitigen Sicht für richtig empfindet.

Man kann davon ausgehen, dass immer dann, wenn man in sich viele Emotionen fühlt, man jemandem unbedingt etwas mitteilen möchte oder dieser aus der eigenen Sicht unbedingt etwas verändern sollte, dies nicht aus der freien Erkenntnis kommt, sondern immer zwanghafte Teilbereiche dahinter stecken. Ansonsten würde man einen Hinweis geben und dann wieder loslassen.

Die Prüfung der eigenen Einstellung kann Aufschluss geben, indem man sich testet, wie man reagiert, wenn man dem Betreffenden dies nicht mitteilt. Bleibt man ruhig und entsteht kein Druck, ist es meist eine Information aus höheren Quellen; fühlt man Zwang, stecken Impulse von Teilbereichen dahinter. Dann sollte gesucht werden, welches vermutlich eigenwillige Programm wirkt oder welche Bindung an bestimmte Felder eingetreten ist. Ansonsten ist man sofort an die Lasten der betreffenden Personen gebunden, und die energetischen Verbindungsseile bauen sich auf. Wird nun der Mensch, etwa durch einen Schicksalsschlag, emotional stark belastet, bekommt die Person, die damit verbunden ist, auch ein entsprechendes Stück dieser Last ab. Dies ist ein ganz wichtiger Faktor, da eine Verknüpfung von bindenden Seilschaften unbedingt gelöst werden sollte, wenn man zügig weiterschreiten möchte auf seinem Weg. Viele negative Einflüsse von fremden Feldern könnten vermieden werden, wenn man die anderen so ließe, wie sie sind. Dann wird man nicht wie aus heiterem Himmel mit Emotionen überschüttet, die eigentlich mit einem selbst überhaupt nichts zu tun haben.

Deshalb ist es sinnvoll, die vergangenen Situationen auf solche eventuellen Gegebenheiten hin zu durchsuchen und von den Gefühlen her zu überprüfen. Es kann so Einiges an das Oberbewusstsein strömen. Es ist sehr sinnvoll, sich hier Zeit zu geben und tief in diese Vorstellungen hineinzugehen.

Der nächste wichtige Faktor ist die Bindung an Energiefelder, die sich einer ganz bestimmten Sache verschrieben haben. Nehmen wir als Beispiel eine ganz spezielle Art der Ernährung. Wenn jemand eine Ernährungsweise gefunden hat, die für ihn das Beste ist, kann man ihm dafür gratulieren. Wird aber dieses Wissen zu einer starren Vorstellung, die für alle Menschen gleichermaßen richtig sein soll und alle anderen Wege werden dagegen als schlecht erachtet, kann dies nicht mehr mit dem freien Willen und der persönlichen Erkenntnis jedes Menschen harmonieren, es bedeutet Einmischung und das Unterdrücken von Empfindungen, die jeder selbst wahrnehmen sollte. Es kann schnell geschehen, dass man von emotional hervorragend dargebrachten Erläuterungen für eine bestimmte Art der Ernährung eingenommen wird. Dies zeigt sich in der Aura auf interessante Weise. Die von dem Ernährungsverkünder produzierten Emotionen strecken die Fühler nach den anderen Menschen aus, umgarnen und belagern sie, bis sie eingenommen werden. Sie werden eingenommen in ihren Vorstellungen, und das persönliche Urteilungsvermögen wird getrübt. Man kann davon ausgehen, dass je emotionaler ein bestimmter Weg vorgebracht wird, unterstützt von dem dazu fühlbaren Druck, der von solcherart ausgerichteten Menschen ausgeht, desto eigenwilliger ist die Verbreitung der Ideen. Es werden meist nur die eigenen Erkenntnisse über Ernährung akzeptiert, der Mitmensch auf seinem eigenen Weg aber nicht respektiert. Nicht selten übernehmen solche Kraftfelder, bis sie erkannt werden, teilweise die Wahrnehmung des Menschen und versuchen, nachdem sie durch die bereitwillige Öffnung der Aura eingedrungen sind, sich auszubreiten und die Handlungen und Meinungen zu bestimmen. Das System versucht in der Folge, sich über den Menschen auszuleben und auch weitere Menschen von sich zu überzeugen.

Manchmal werden bestimmte Essgewohnheiten gar nicht mit Druck verbreitet, sondern die Person, die sich für diesen Weg entscheidet, macht daraus ein starres System und übernimmt diese Vorstellungen, da sie sie gleichzeitig unterstützen, als Basisenergie für ihren Weg. Sie verbeißt sich energetisch so darin, dass sie ihre eigenen Inspirationen verliert.

Ähnliches kann auch mit euphorischen Gefühlen geschehen. Diese Emotion entspringt nicht dem ruhigen Strom der Erkenntnis, sondern zieht zumeist schwerwiegende karmische Felder mit sich. Wird nun ein Mensch in einer Art und Weise angesprochen, dass die von ihm so euphorisch dargestellte Sache vielleicht gar nicht so vorteilhaft sei, wird er vermutlich mit großem Energieaufwand dieses System verteidigen, damit ihm selbst nicht der Boden entzogen wird, auf dem er sich gerade befindet. Reagiert man auch selbst in der Art und Weise, dass man andere Systeme rechtfertigen möchte, kann man davon ausgehen, dass man sich energetisch mit ihnen verbunden hat. Ist man frei, akzeptiert man ohne gefühlsmäßige Abwehr die Zweifel von Mitmenschen und kann deren Empfindungen einfach stehen lassen. Auch die Entscheidung, sich selbst auf eine bestimmte Art und Weise zu ernähren, muss nicht verteidigt werden, da sie, wenn sie sich in Harmonie mit den inneren Führungskräften befindet, gar nicht angegriffen werden kann. Sie ist gut, so wie sie ist. Sie ist veränderbar, wenn es einer Änderung bedarf.

Sobald man das Gefühl hat, sich rechtfertigen zu müssen, befindet man sich zumeist außerhalb einer harmonischen Ausrichtung für diesen bestimmten Bereich oder wird von Zwängen bezüglich dieser Energie aufgehalten.

Es ist ein starker Verlust und unnötiger Verbrauch von Energie, wenn man aus bestimmten mentalen oder astralen Prägungen heraus glaubt, starre Vorstellungen aufrechterhalten zu müssen und diese dann auch noch mit Druck auf andere Menschen projizieren möchte.

Es ist ein wirklich befreiendes Gefühl, wenn man Geschehnisse fließen lassen kann, ohne eine Mauer zu errichten, aufgebaut aus Energie, die nicht die eigene Erkenntnis, sondern das Muster fremder Strukturen wiedergibt. So erhöht sich die Akzeptanz für die Meinung und die Erkenntnis der Mitmenschen, und jene Bereiche in der eigenen Person, die ihre Erkenntnis als wichtig und richtig für alle betrachten, können sich ausrichten und ebenfalls lernen, dass der Mensch immer nur aus dem derzeitigen Kenntnis- und Entwicklungsstand heraus Erkenntnisse und Wissen ziehen kann. Jede Erkenntnis kann sich jedoch erweitern und verändern, wenn es Zeit wird, weiter zu gehen oder neue Einsichten aufzunehmen.

Überaus deutlich kann man in der Politik beobachten, wie sich ein solches Vorgehen auswirkt. Kaum ein Politiker lässt es aus, über die Entscheidungen oder Vorgehensweisen seiner so genannten Gegner herzuziehen. So wird das Gegenüber niedergemacht, um selbst groß dazustehen. Der Mitmensch wird plattgewalzt und sein Ansehen verunglimpft, um sich selber besser darzustellen. In den auf diesen Planeten verstärkt einfließenden göttlichen Energieströmen können sich solche Ausrichtungen in der Zukunft nicht mehr halten. So wird ein Politiker nur noch dann kraftvoll und mit der neuen Energie sein Amt ausüben können, wenn er aufhört, sein Umfeld niederzumachen und zu verunglimpfen. Er muss sich auf sein eigentliches Aufgabenfeld konzentrieren.

In den führenden Persönlichkeiten eines Landes zeigt sich immer auch das innere Volkskarma. So wie es in dem Großteil der Menschen in den bestimmten Ländern aussieht, so müssen auch die Führungsschichten geprägt sein. Sobald sich das Volksbewusstsein verändert, werden auch die Politiker ausgetauscht, die die bestehenden Felder und Energiestrukturen des Volkes darstellen. So dürften die neu einströmenden Energien bewirken, dass in der Politik vielleicht bald überall Ehrlichkeit und Mitmenschlichkeit vorherrschen und das Bemühen, für das Volk tätig zu sein und nicht für die eigene Macht. Jene Politiker, die diese hohen Werte bereits in sich tragen, jedoch immer noch an die Schimpferei und das Schlechtmachen der Kollegen gebunden sind, werden befreit von diesen alten Zwängen und können schon bald zeigen, was wirklich in ihnen steckt.

Auch wenn manchmal angenommen wird, eine Lüge, die keinem Menschen Schaden zugefügt hat, sei nicht so schlimm, so sieht man doch darüber zum Teil starke Verbindungen zu Menschen und bestimmten Lebensumständen innerhalb der Aura, die die Freiheit des persönlichen Energiefeldes entscheidend behindern und eine Befreiung dieser Verknüpfungen durch fortwährende Fremdbeeinflussung blockieren. Bestimmte Felder können durch die Abnahme von dergestalt produzierten Emotionen ernährt werden. So kann eine Lüge von einem Menschen perfekt inszeniert werden, wodurch der andere in seiner äußeren Wahrnehmung getäuscht wird. In den geistigen Ebenen ist dies jedoch in keiner Weise möglich. Die Lüge wird in den astralen Ebenen sofort als bestimmte Farbkombination erkannt und gefühlt. In den mentalen Ebenen sieht man eine missgebildete Gedankenform, die sich vor die tatsächliche Wahrheit drängen möchte, um diese zu verstecken oder um Vorteile zu erlangen.

So können manchmal auch kleine Lügen große Auswirkungen zeitigen, wenn in der Folge, um die erste Lüge zu verstecken, mit immer neuen Einfällen nachgelogen werden muss. Ist eine Lüge mit Gefühlen der Hinterhältigkeit oder Gemeinheit belagert, sieht sie schleimig und schmutzig grün-grau bis bräunlich aus. Manchmal möchten sich solche Gebilde mit den beeinflussenden Energiefeldern um Menschen winden und sie umgarnen, um so die persönliche Wahrnehmung weiter zu trüben und die Lüge nicht auffliegen zu lassen. Der Ausspruch: »Oh, ist der schleimig!«, kommt nicht von ungefähr.

Im Inneren eines jeden Menschen werden die Lügen jedoch erkannt. Hier erfolgt die zweifelsfreie Wahrnehmung und hier wird in dem angelogenen Menschen eine Trennung zwischen äußerer und innerer Wahrnehmung vollzogen.

Ebenso bleiben die aufgebauten Gedanken der Person, die die Lüge ausgesprochen hat, stets enthalten. Dies gilt auch für die Bindungen, die sie durch die Lüge verursacht hat. Dies alles muss wieder abgetragen werden, manchmal mit vielfacher Verstärkung.

Ein weiterer energetisch unangenehmer Nebeneffekt bei einer Lüge ist der, dass von der Person, die die Lüge ausspricht, immer gleichzeitig eine Mauer aus Energie aufgebaut wird, um diese Lüge auch im Feinstofflichen zu verdecken. Man sieht sich entwickelnde Gebilde in der Aura, die sich vor und um diese Gedankenform hängen und nicht selten auch auf die gegenüberstehende Person übergehen und diese einzuhüllen und abzulenken versuchen. Da aber gleichzeitig das eigene Innere nicht mit einer Lüge und deren Energiefeld einverstanden ist, wird das so genannte Gewissen aktiv, also die höheren Körper, die den Menschen mahnen, sich an die geistigen Gesetze zu halten. Diese Lichtkräfte erzeugen ebenfalls Energie, um die Lüge aufzubrechen und wieder abzutragen. Der Lügner wiederum verstärkt seine »Geschöpfe«, um nicht erkannt zu werden. So geht sehr viel Energie verloren, die anderweitig genutzt werden könnte und den Menschen in seiner Freiheit beschneidet und seinen Energiefluss behindert.

Der nächste Effekt ist der, dass in den inneren Bewusstseinsschichten eine gewisse Angst entsteht, die Lüge könnte entdeckt werden und der Mensch somit nicht mehr in völliger innerer Ruhe und Ausgeglichenheit leben. Er lebt in ständiger Betroffenheit und wird energetisch darauf hingewiesen. Haben sich viele solcher Lügengebilde entwickelt und sich somit auch eine bestimmte Menge an Angstenergie gebildet, verlassen zum Teil persönliche Seelenteile das Energiefeld des jeweiligen Menschen, da sie sich nicht mehr in solchen Energiefeldern aufhalten möchten. Dies geschieht völlig unbewusst, kann aber daran erkannt werden, dass der Mensch sich schwächer fühlt und diese Schwäche durch Suche nach Anerkennung oder auch Machtstreben und Besserwisserei energetisch auszugleichen versucht. So kann es sein, dass der Mensch vielleicht bei jedem Telefonklingeln erschreckt oder gefühlsmäßig labil wird und die Ausgeglichenheit seines Energiefeldes somit ständig abnimmt. Durch das Verlassen der eigenen Seelenteile nimmt gleichzeitig die Kraft der Selbstheilung ab, was eine extrem unangenehme Erscheinung darstellt. Sehr gerne bilden sich feinstoffliche Lügenaufbauten über Stirn und Augen, und manche Menschen können den anderen nicht mehr richtig anschauen. Manchmal sieht man auch in der Aura das Bild eines Mundes, der Risse und Kanten aufweist, und zusätzlich werden graue Ablagerungen sichtbar. Vielleicht meinten die Indianer dies mit ihrer Aussage, jemand spreche mit gespaltener Zunge?

Auch aus diesem Grund ist es sehr wichtig, dass man mit seinem Umfeld in der Weise im Klaren ist, dass man nicht in Angst leben muss, der andere könnte mit einem Blick in die Augen erkennen, wie es im Innenleben des anderen ausschaut.

Bereits kleinere Unwahrheiten können schon einen Riss in der Gefühlsaura erzeugen, der manchmal sogar deutlich über der Magengegend wahrnehmbar wird. Auch wird das Gegenüber immer getäuscht, was in der energetischen Antwort für den Täuscher irgendwann eine persönliche Ent-täuschung auf die eine oder andere Art nach sich zieht. Das Vertrauen, welches im Gegenüber bislang vermutlich vorhanden war, wird empfindlich gestört, was eine ungute Empfindung und das Gefühl entfachen kann, dass Wahrheit doch schwer zu finden ist.

Nicht selten erlebt man im Laufe des Lebens Situationen, die man sich nicht erklären kann und die nur schwer verarbeitet werden können. Dann lebt sich vielleicht ein altes Karma aus, das möglicherweise durch eine Lüge in der Jugend oder auch in einer früheren Inkarnation verursacht worden ist. Damit wird auch das Durchleben mancher kleiner unschöner Situationen sinnvoll, und man kann dankbar sein, dass sich wieder etwas auflösen konnte.

Von Vorteil ist es, wenn man sich einmal die Zeit nimmt und intensiv alle Streiche sowie kleine und große Lügen durchdenkt, sich entschuldigt und versucht, diese, je nach Art und Umfang, wieder auszugleichen.

So hat ein Mann, der als Jugendlicher unter anderem in einem Tante-Emma-Laden mehrfach Zigaretten mitgehen ließ, sich mit der Besitzerin, die inzwischen gestorben und deren Laden nicht mehr vorhanden war, dadurch ausgesöhnt, dass er sich bei der nun jenseitigen Seele entschuldigte und seine Schutzengel um Hilfe gebeten hatte, um die Angelegenheit vollständig auflösen zu können. Er hatte zusätzlich für ein Kinderheim und eine Ärzte-Organisation einen ihm angemessenen Betrag gespendet und in einer Autobahnkapelle für einen gewissen Betrag Kerzen gekauft und aufgestellt. Durch dieses Vorgehen, hauptsächlich natürlich durch seine eigene Geisteshaltung, erhielt er das tiefe Gefühl der Vergebung, und aus seiner Aura verschwanden alle Bindungen und Verdichtungen, die sich dadurch gebildet hatten.

Die Möglichkeit des Spendens und des Gebens stellen hier kein Erkaufen von Vergebung dar, sondern der aufrichtige Wunsch nach einem Ausgleich seines alten Karmas gewährten ihm die Möglichkeit zur Harmonisierung. Die geistigen Helfer der Menschen haben durch ein echtes Reuegefühl stets die Möglichkeit, aus sich heraus eine gewisse Menge an aufgebauter Energie zu verwandeln, so dass der jeweilige Mensch nicht alle Lasten alleine tragen muss. Es ist wunderschön zu sehen, mit welcher Liebe und Dankbarkeit sich die Helfer freuen und aktiv mitwirken, wenn ihr Schützling auf seinem Weg vorwärts strebt.

Alles, was der Mensch für sich reinigt und verarbeitet, nützt auch der Gesamtenergie auf diesem Planeten, da alle Ströme miteinander verbunden sind und jedes Feld, welches verstärkt, gestützt, in seiner geistigen Ausrichtung verändert und aufgebaut wird, so von einer bestimmten Stärke an von noch etwas schwächeren Seelen als Hilfe und Stütze genutzt werden kann. Alles wird vom Weltengedächtnis gespeichert und kann von dort auch Kraft geben und den Weg aufzeigen.

XIX.

LEBENSENERGIEN FLIESSEN LASSEN

Wenn man sich auf dem geistigen Weg befindet und aktiv mit den Auswirkungen des Egos umgehen möchte, ist es angebracht, übermäßiges Lob von Mitmenschen möglichst immer abzuschwächen, um das persönliche Ego nicht unnötig in Versuchung zu bringen oder es gar Fremdenergien leicht zu machen, durch aufwallende Gefühle des Eigenwillens eventuell die Bildung von aufgezwungenen »Ein-drücken« im Energiesystem zuzulassen. Gerne formen sich andernfalls Gebilde in der Aura, die Blasen ähneln, aber keinen wahrhaften Inhalt haben. Der Volksmund spricht dann von »aufgeblähtem Ego« oder bezeichnet jemanden als eingebildet, was den Sachverhalt ganz gut wiedergibt.

So sollte die Hervorhebung der eigenen Person nicht gefördert werden, da bislang nur wenige Menschen auf diesem Planeten völlig dagegen gefeit waren, sich von Schmeicheleien gänzlich fern zu halten. Zum Glück ist es ab einer gewissen Bewusstseinsstufe dem Menschen möglich, zu erkennen, wann ihm geschmeichelt wird und wann ein Lob ehrlich gemeint ist. Doch können Momente der Unachtsamkeit in diesem Bereich leicht eine Öffnung für Fremdenergien darstellen.

Jeder Seele, die sich um die Läuterung ihrer Persönlichkeit kümmert, wird es klar sein, dass sie ohne die Hilfe aus der geistigen Welt und ohne die Energien, die zwar durch sie fließen, aber ihr nicht gehören oder gar aus ihr selbst kommen, nicht in der Lage wäre, für die geistige Welt tätig zu sein oder in der ihr gewohnten Art sich zu entwickeln. So ist der laut ausgesprochene

Hinweis, dass man etwas diesem Umstand verdankt, manchmal ein sehr wichtiger Faktor für die Umwelt, um nicht durch die feinstofflichen Bindungen, die sich sofort bei der Annahme eines großen Lobs einstellen, gebunden zu werden. Die geistigen Helfer freuen sich, wenn das Lob an sie weitergegeben wird und sie ihre Hilfe anerkannt und respektiert sehen.

Es ist schön, wenn man ein Lob erhält, aber es ist immer wichtig aufzupassen, dass das eigene Ego nicht berührt wird oder Teilbereiche sich von derartigen Energien ernähren möchten. Das wäre ein deutliches Zeichen, dass sich Bereiche der Seele noch nicht von der inneren Kraft führen lassen und sich noch auf die Welt ausrichten. Freut man sich einmal über ein Lob, so ist das bestimmt kein Problem, aber Vorsicht ist immer angebracht.

Ein weiterer wichtiger Faktor ist das vorsichtige Umgehen mit dem, was man seinem Umfeld erzählt. Befindet man sich beispielsweise gerade in einem ganz bestimmten Verarbeitungsprozess und sind energetisch sehr viele seelische Kräfte für eine Neuausrichtung aktiv, ist es sinnvoll, darüber zu schweigen, damit nicht durch das Erzählen Blockaden auftauchen, die die weitere Verarbeitung empfindlich stören könnten. So meint es ein Gesprächspartner oft nicht schlecht, aber durch bestimmte emotionale oder gedankliche Einmischungen können die Wirkungen, die sich im Inneren der Person ereignen, die gerade etwas verarbeitet, beträchtlich verändert werden. Manchmal stockt ein Verarbeitungsprozess vollends.

Ist man zum Beispiel gerade dabei, sich ganz bestimmte Dinge abzugewöhnen und redet man darüber, kann mitunter sofort die bislang gefühlte Kraft für diese Arbeit blockiert sein. Man hat absolut keine Energie mehr, um sie fortzuführen. Das ist vom Umfeld mitunter gar nicht böse gemeint, jedoch kann sehr schnell der Energiefluss abgebrochen werden. Man sieht dann deutlich, wie die sich neu ausrichtenden Energien derart in Unordnung geraten, dass es schwer wird, diese wieder zu harmonisieren. Das sprechen über die Energien, die daran beteiligt sind, ermöglicht Dritten sofort einen Zugriff. Solange eine Transformation aber noch nicht stabil ist und geschützt in ihrer neuen Form, ist sie absolut angreifbar und schnell aus der Ordnung zu bringen. Aus diesem Grund ist es sehr sinnvoll, sich nur mit ganz engen Freunden oder Familienmitgliedern über die Prozesse, die gerade ablaufen, zu unterhalten, welche seelisch gleich gestimmt sind. So kann man vielleicht einen wichtigen Impuls erhalten, öffnet aber gleichzeitig seine Aura nicht durch unvorsichtiges Reden und bleibt geschützt. Ein späteres Erzählen ist dann kein Problem mehr.

Sehr schnell verliert man die Harmonie und den freien Austausch der Aura, wenn man sich in Energiefelder von anderen Menschen einmischt. Das geht bedeutend schneller, als man glaubt, und mit dem Gefühl des Druckes kann sehr schnell eine Verbindung in ein fremdes Energiefeld aufgebaut werden. Auch hier ist das Wort »einmischen« sehr treffend. Sobald man glaubt, etwas besser zu wissen und versucht, dieses Wissen mit Druck auf einen anderen zu übertragen, mischt man sich mit den eigenen ausströmenden Energien in das Feld des Gegenübers ein. Die emotionalen und gedanklichen Verbindungen, die wie Seile und Waben aussehen können, verbinden und »verstricken« sich mit dem Aura-Feld, welches dazu motiviert werden soll, dies oder das zu tun. Man erzeugt Eigenenergie, die auf den anderen übertragen wird, damit dieser so handelt, wie man es sich vorstellt. Somit kann das Gegenüber gar nicht frei seiner Intuition folgen, da er belagert wird und jemand in sein Energiefeld eindringt. Je intensiver solch eine »Einmischung« stattgefunden hat, umso schwieriger wird es, diese wieder zu lösen. Hier darf nicht vergessen werden, dass man, sobald man einen anderen Menschen veranlasst hat, etwas Bestimmtes zu tun, was vielleicht gar nicht im Einklang mit dem geistigen Plan steht, man mit allen Lasten und Verknüpfungen, die aus solch einer eigenwilligen Handlung heraus entstehen, verbunden ist und auch mithelfen muss, diese wieder abzubauen und alles Verursachte aufzuräumen. Das ist ein sehr unangenehmer Effekt, der einer Seele lange anhaften kann. Hat man sich bei vielen Menschen eingemischt, ist man auch mit vielen Feldern verbunden und energetische Zugänge in das persönliche Aura-Feld sind gelegt, über die immer wieder Fremdenergien eindringen können.

Deshalb ist es sehr wichtig zu überprüfen, bei wem man sich vielleicht eigenwillig eingemischt hat und meist immer noch Energie einsetzt, damit ein bestimmtes Ziel erreicht wird und der ständige Energieverlust nachlässt. Die eigene Aura kann nicht frei sein, wenn man mit anderen Auren verknüpft ist.

So kann es sehr hilfreich sein, wenn man auch bei den eigenen Kindern nachprüft, ob man sich stark eingemischt hat und sie in Wege drängt, die sie selbst gar nicht möchten. Es ist sehr sinnvoll und wichtig, wenn man die eigenen Wahrnehmungen mitteilt und ausspricht, was man für richtig hält; doch sollten die Kinder ab einem gewissen Alter in ihrer Entscheidung frei gelassen werden. Hier ist wahre Freiheit gemeint, um zu lernen und zu erleben, wie man die persönliche Intuition findet.

So kann es sein, dass ein junger Mensch auch einmal eine Erkenntnis machen muss, bei der man als Eltern schon im Vorfeld erkennt, dass es nicht gut gehen kann. Aber wenn das Kind nicht diese vielleicht kleinere Lektion des Lebens erkennen und erleben darf, muss es vielleicht in späterer Zeit eine größere und unangenehmere Erfahrung machen. So ist es mit Sicherheit sinnvoll, wenn man die Kinder begleitet und unterstützt, aber sie nicht dem eigenen Willen unterstellt. Dann ist ein wundervolles Miteinander möglich, und die jungen Menschen bauen keine Mauern der Ablehnung auf, weil sie das Gefühl haben, sie dürfen gar nicht selber leben und entscheiden, sondern es ist ein harmonisches Miteinander. Meist nehmen derart erzogene junge Menschen sehr gerne den Rat der Eltern an, da sie fühlen, dass er gut gemeint ist und ihnen nicht die eigene Persönlichkeit nimmt.

Um das persönliche Aura-Feld und seine Energien stabil zu halten, ist es sehr sinnvoll, keinerlei Erwartungshaltung an seine Umwelt und seine Mitmenschen einzunehmen. Jede Erwartung, die man einer Situation oder einer Person gegenüber empfindet, öffnet die Aura weit und erlaubt es fremden Energien einzudringen. Hinter jeder Erwartung steckt ein Druck, der stetig auf eine Person übertragen wird, mit der man sofort eine energetische Verbindung eingeht, da die Erwartungsströme sich mit dem Aura-Feld der entsprechenden Person verbinden und dort einfließen. So ist eine Brücke geschaffen, die sehr gerne von Wesen und Energiefeldern benutzt wird, um darüber stetig Energie von Dritten abzuziehen. Oft werden die Erwartungshaltungen eines Menschen mit fremden Botschaften von lieblosen Wesenheiten zusätzlich angestachelt und somit die Person, die solch eine Forderung empfindet, bestimmten energetischen Zwängen ausgesetzt. Diese Zwänge sollen die Beeinflussung unterstreichen und das scheinbare Recht der fordernden Person vergrößern. Auch hier kann man sehr oft erleben, dass seitens der Person, von der die Erwartung gefordert wird, emotionale Lasten auf den Forderer übergehen können, da dieser sein Energiefeld durch die Forderung geöffnet hat und auf etwas wartet. Es strömen somit Energien ein, die zwar nicht erwünscht, aber dennoch energetisch absolut wirksam sind. So wird jeder gefühlsmäßig mitbetroffen, wenn er in dieser Art mit dem jeweiligen Menschen verbunden ist. Auch hier bleibt die Bindung und Beeinflussung so lange bestehen, bis die Person, die den Erwartungsdruck ausübt, in ihrem Anliegen nachlässt. Es ist sinnvoll, die so belästigte Person um Entschuldigung zu bitten für die enorme Störung, die man bewirkt hat durch das Eindrücken der eigenen Emotionen und Gedanken in ihr Aura-Feld.

Die emotionale Befreiung von Erwartungen und Gedankengebilden geht meist mit der gleichzeitigen Arbeit an unausgerichteten Teilbereichen einher, denen liebevoll erklärt werden kann, dass eine solche Belastung eines anderen Menschen nicht zum Ziel führt, sondern in der Rückwirkung immer wieder eigene Belastungen und seelischen Druck mit sich bringt. So soll das Wissen gestärkt werden, dass man stets von der geistigen Führung unterstützt wird und die eigenen Wünsche immer erfüllt werden, wenn es irgend möglich und für die Entwicklung nicht hinderlich ist. So wird das Vertrauen gestärkt und die Teilbereiche können loslassen im tiefen Wissen, dass sie von der eigenen Seele immer geliebt und unterstützt werden.

Eine weitere Möglichkeit, um sich von eventuellen Bindungen zu lösen, ist die Suche nach Versprechungen, die man gegeben hat. Konnte man sie einhalten oder gibt es eine Möglichkeit, gegebene, nicht eingehaltene Versprechungen nun zu erfüllen? Im bewussten täglichen Umgang mit den Mitmenschen sollte ebenfalls darauf geachtet werden, keine Versprechungen zu geben und damit Bindungen einzugehen, die man nur mit Mühe oder gar nicht einhalten kann. Zum Glück werden solche starken Bindungen in der heutigen Zeit nicht mehr allzu häufig gefordert. Ein Mann, der seinem Vater am Sterbebett versprochen hatte, stets auf den jüngeren Bruder zu achten, befand sich lange Zeit in einem riesigen Konflikt, weil dieser den Hof verlassen hatte, da er kein Landwirt werden wollte und sich nur ganz selten und in der Regel nur ganz kurz bei seinem Bruder meldete. Dieser hatte keinerlei Einfluss und wusste eigentlich gar nicht, was der Bruder jetzt tat. So konnte nur eine geistige Lossprechung und der Kontakt mit der Vater-Energie eine Befreiung von dem alten Schwur herbeiführen. Erst dann konnte der Bruder diesbezüglich Frieden finden und empfand diesen Schwur nicht mehr als unerfüllbare Last auf seinen Schultern.

Um sich von fremden Energieströmen frei zu halten und nicht gebunden oder beeinflusst zu werden, ist es sinnvoll, wenn Probleme auftauchen, diese nicht auf die eigene Person zu beziehen, sondern immer als Gelegenheit zu betrachten, mit der es umzugehen gilt. So treffen die Emotionen, die von Mitmenschen manchmal geradezu herausgeschleudert werden, nicht das eigene Energiefeld, sondern berühren das unpersönliche Problemfeld. Man kann sich selbst davon freihalten, und die eigene Empfindungswelt bleibt unberührt. Die entsprechende Wortwahl kann hier sehr viel Unterstützung leisten, da so im Gegenüber eventuell vorhandene Egofelder nicht berührt werden, sondern auch dieser sich mit dem Problem beschäftigen kann. So muss man sich nicht aufhalten mit Reaktionen des Egos, sondern kann sich effektiv um die Situation kümmern. Man arbeitet zwar in der geistigen Entwicklung immer mit unausgerichtetem Gedanken- und Emotionalgut der eigenen Person, jedoch wird ständig etwas auftauchen, da die Probleme meist mit einem selber zu tun haben. Wird jedoch ein Problem umgehend besprochen, kann die Energie darauf gelenkt werden und das Gegenüber hat somit auch die Kraft, das Problem als solches anzugehen. Fühlt das Gegenüber, dass es nicht in seiner Person angegriffen oder manipuliert wird, wird es meist auch nicht mit Ablehnung reagieren. Es muss nicht zuerst darauf achten, sein Gesicht nicht zu verlieren, sondern wird vielleicht frei und mit großer Unterstützung dazu beitragen, das Problem zu bewältigen.

Nicht zu unterschätzen ist das Einwirken von Emotionen, welche sich beim Erzählen von bestimmten Plänen und Vorstellungen im Gegenüber zeigen und die eigene Ausrichtung beeinflussen können. So hatte eine Frau mehreren Freundinnen erzählt, dass sie jetzt endgültig mehrere Kilo abnehmen möchte und sofort die Reaktion hervorgerufen: »Das schafft sie doch nie!« oder »Das ist doch viel zu schwer!« Dies trägt dazu bei, die eigene Motivation zu unterbinden, innere Zweifel aufzuwerfen und die schöne Grundenergie zu untergraben. Das Ganze kann hierdurch zum Erliegen kommen.

Auch der Volksmund weiß, dass, wenn man einen Wunsch vorschnell äußert, dieser nicht erfüllt werden wird. Dies ist kein Aberglaube, sondern altes Wissen. Lässt man nämlich die Energie, die für ein Projekt benötigt wird, im eigenen gedanklichen und emotionalen Bereich und gibt sie nicht nach außen ab, kann von der geistigen Führung eine Vorarbeit geleistet werden und auch die materiell notwendigen Schritte eingeleitet werden. Dies setzt natürlich voraus, dass der Wunsch oder das Vorhaben im Einklang mit dem göttlichen Plan und der persönlichen geistigen Führung steht. So achtet man die Unterstützung und die Nähe der geistigen Hilfen und bietet ihnen die Möglichkeit des Eingreifens.

Auch das Herauslösen aus Ego-Feldern und Umstellungen im menschlichen Umgang können sehr schnell wieder verlorengehen, wenn man zu viel und zu intensiv darüber spricht.

Dies sollte jedoch nicht als absolute Grundeinstellung genommen werden, da die Intuition auch einmal mitteilen kann, dass man jemanden in gewissen Momenten um Rat fragen und dies auch tun sollte.

Alle Angaben im Text sollten ausschließlich als Hinweise verstanden werden, die eine gewisse Richtung aufweisen können. Es sollte immer das eigene Innere entscheiden, ob die jeweiligen Aussagen auch für die eigene Person angenommen werden können.

Ein ganz wichtiger Faktor ist auch der Unterschied zwischen Erkennen und Urteilen. Unter »Erkennen« kann das bewusste Registrieren von Gegebenheiten verstanden werden, welches durchaus auch Negatives wahrnimmt und weiß, dass dies nicht der richtige Weg sein kann.

»Urteilen« dagegen bedeutet, mit emotionaler Kraft das Erkannte einzuteilen, zu bewerten und auf das Gegenüber ein emotionales Feld zu richten. Damit tritt man in Kontakt mit dem verurteilten Menschen oder dem dazugehörigen Energiefeld. Somit stellen Fremdzugriffe kein Problem mehr dar, und man steht mit der verurteilten Energie stets in Kontakt.

Es ist sogar sehr wichtig, dass das Vorgehen in der Umwelt erkannt wird. Auch die Hinweise aus höheren Welten werden über das Gefühl empfangen, meist als ungutes Gefühl, sich mit den bestimmten Gegebenheiten nicht auseinanderzusetzen oder sich sogar zu entfernen. Jedoch ist dies keine Verurteilung, die mit Emotion einhergeht, sondern eine Erkenntnis und eine Information aus lichteren Welten.

Für das energetische Wohlbefinden ist das bewusste Gespräch beim Essen ein Beispiel. Einige Menschen sitzen zusammen in einem Lokal und essen Pizza. Sie unterhalten sich und plötzlich kommt der Kellner, stellt ein bestelltes Getränk dazu und sagt: »Haben sie auch schon gehört, dass die Behörden BSE-verseuchtes Fleisch falsch ausgezeichnet haben und das Fleisch jetzt auch noch irgendwo in Entwicklungsländern gelandet ist?« Nach einer kurzen Antwort wurde das Thema als Tischgespräch übernommen und über das Leid der Tiere und das Vorgehen der Behörden gesprochen. Einige waren wirklich entsetzt und fanden die Situation schrecklich, doch bald schon wurde das vorherige Thema aufgegriffen und der Fleischhandel vergessen.

Plötzlich wurde es einem der Anwesenden sehr übel, er bekam Schweißausbrüche, der Magen fühlte sich schlecht an und er wusste nicht recht, was er machen sollte, da ihm auch noch schwindelig wurde. Auch einige Atemzüge an der frischen Luft änderten nichts an seinem starken Unwohlsein. War es das Essen? Was war geschehen?

In diesem Fall hatte der Mann in seiner starken Sensibilität während des Gespräches über das BSE-verseuchte Fleisch das Leid der Tiere tatsächlich berührt. Es legte sich wie ein dunkler Schatten über seine Aura und umklammerte ihn langsam, ohne dass er dies im Laufe des Gespräches bemerkt hätte. Sein Körper, der mit diesem starken Schmerz kaum umgehen konnte, musste sich irgendwie bemerkbar machen und reagierte entsprechend. Erst nachdem dem Tierfeld viel Liebe und Kraft gesandt und darauf geachtet wurde, nicht in Verurteilung zu verfallen, stellte sich wieder Harmonie ein. In kürzester Zeit ging es dem Mann besser, da sich das Feld von ihm gelöst hatte. So kann es sein, dass es die Aufgabe dieses Mannes war, jenes Feld zu unterstützen, denn manchmal wird eine Gruppe von Menschen dazu ausersehen, dies für die geistige Welt zu tun; oder man hat sich durch das Gespräch oder mit zu wenig Hinwendung unbewusst auf diese Bereiche eingelassen und muss sich erst wieder liebevoll davon lösen.

Bei sehr vielen Geschehnissen, die sich auf diesem Planeten ereignen, fragt man sich nach dem wirklichen Hintergrund? Und diese Frage ist durchaus berechtigt. Man weiß, dass einem Menschen nichts widerfährt, was nicht Sinn und Hintergrund aufweist. Auf diesem Planeten ist allerdings inzwischen eine so große Unordnung eingetreten, ein zum Teil gewalttätiges Verdrängen der ordnenden Gotteskräfte, dass sich heutzutage Leid ereignet, wo es nicht unbedingt notwendig wäre. Dies ist auf das Wirken von Energiefeldern zurückzuführen, die sich mit Liebe noch wenig beschäftigt haben. Wer an sich arbeitet, berührt mit seinem Bewusstsein auch sein Umfeld und damit die Gegebenheiten auf diesem Planeten. Individuelles und kollektives Karma überschneiden sich dadurch.

Es existiert in der neuen Musikszene eine Musikart, die es sehr dunklen Einheiten möglich macht, in die Energiefelder der Zuhörer zu dringen. Dort versuchen sie, die unausgerichteten und in der Pubertät noch schwachen Felder zu beherrschen. Manchmal werden melodische Impulse eingebaut, welche die Seele öffnen sollen, aber gleich danach wird mit verzerrten Tönen, die wie ein Riss und Schock in den feinen Energien wirken, ein Fremdeindringen ermöglicht. Das fortwährende Wiederholen der Dissonanzen seitens der dunklen Kräfte ist wie ein Einhämmern von Fremdenergie – und so sieht es auch in der Aura aus. Regelrecht eingestanzt werden diese Wellen und immer mehr verfestigt, damit sie in den Auren der meist jugendlichen Hörer auch haften bleiben. Durch das dauernde Wiederholen möchten die Energiefelder ein astrales Loslösen der Hörer erreichen, um dann durch die gelockerten Verbindungen einzudringen. Die wilden Kopfbewegungen oder dauernde Drehungen lösen ebenfalls die Verbindungen zum physischen Körper und erleichtern eine Loslösung der feinstofflichen Träger.

Auch bestimmte Achterbahnen oder Dreh- und Fallgeräte auf den Jahrmärkten, die mit rasanten Geschwindigkeiten in die Kurve gehen oder nach freiem Fall den Körper ausbremsen, verursachen eine Lockerung der feinstofflichen Hüllen, und sehr schnell können Fremdeinheiten eindringen, die sich auf den Jahrmärkten in Massen aufhalten und nur darauf warten, einen Menschen zu finden, von dem sie Energie bekommen und über den sie ihr Programm eventuell ausleben können.

Nach dem Besuch solcher Volksfeste sollten deshalb unbedingt die Verbindungen zu den höheren Körpern, vor allem zum Astral-

Körper, wieder gefestigt werden. Bereits das bewusste Vorstellen und die geistige Bitte darum können dieses Vorhaben einleiten und die Bande zwischen den verschiedenen Körperhüllen wieder festigen.

Um sich von Fremdeinflüssen frei zu halten, ist es sinnvoll, manche Verbindungen, die man eingegangen ist, zu überdenken, und Überzeugungen oder Glaubensvorstellungen zu überprüfen, die bestimmte Vorschriften oder religiöse Vorstellungen beinhalten.

Sobald Menschen gesagt wird, dass sie etwas Bestimmtes tun *müssen*, um dies oder das zu erreichen, sollte die erste innere Warnreaktion erfolgen.

Es ist absolut notwendig, dem Menschen die innere Freiheit zu belassen und keine starren Vorgaben zu erteilen. Wahrheit muss sich nicht beweisen oder sich gar mit Zwängen durchsetzen, sie offenbart sich selbst und respektiert die Freiheit des Menschen.

Der Mensch benötigt ebenfalls niemanden, der sich zwischen ihn und Gott als Übermittler oder Sündenabnehmer stellt. Jeder Mensch kann sich den Zugang in die höchsten Ebenen und zur Göttlichkeit selbst erschließen und kann Vergebung somit in sich selbst erfahren. Das bedeutet nicht, dass der Mensch nicht immer wieder Begleitung und Stütze benötigt, doch wird er die höchsten Kräfte immer in sich selber finden.

Der gegenwärtige geistige Umbruch auf diesem Planeten löst große Veränderungen und Umwälzungen aus. Es strömen wunderschöne Lichtenergien ein und hohe Wesen befinden sich in unmittelbarer Nähe der Erde, doch gleichzeitig werden auch die noch dunklen Muster und Wesenheiten aktiviert, da sie spüren, dass ihnen bei einer Erhöhung der Erdenschwingung der Nährboden für sie, also ihr Überleben innerhalb ihrer Gesinnung, genommen wird. Sie beginnen zu kämpfen und verstärkt einzugreifen, was zu großen Unruhen führt. Mit der Stärke, mit der die globalen Energiefelder und Wesenheiten berührt werden, werden auch die individuellen Strukturen in der Aura des Menschen aktiviert. So sind dem Menschen derzeit große Möglichkeiten der inneren Reinigung und der Verbindung mit den höchsten Kräften gegeben.

Auch die Körperebene wird zur Zeit in ihrer kompletten Struktur umgestellt. Die Chakras werden nicht mehr nur aufnehmen können, sondern auch abgeben. Die Wirbel verändern und vergrößern sich, und die Anzahl der Chakras erhöht sich. Auch viele genetische Codes, die bisher blockiert waren, befinden sich in der Veränderung; und mit der kompletten Zellstruktur werden alle Körperebenen stärker durchlichtet. Das bedeutet allerdings für das persönliche Befinden, dass die Veränderungen starkes Unwohlsein und sogar Schmerzen verursachen können. Kopfschmerzen, sich ausgelaugt fühlen, Schlaflosigkeit, Gliederschmerzen, Unruhe oder Unwohlsein können immer wieder auftreten, da sich der Körper den neuen Energien anpasst und sozusagen die »Poren« geöffnet und auch gereinigt werden.

Jedoch sollten diese Veränderungen dem Einstrom hoher, lichtvoller Kräfte zugeschrieben werden, die dem persönlichen und dem globalen Transformationsprozess dienen.

Auch wenn sich im Menschen selbst und im Umfeld viele Veränderungen einstellen, werden sie getragen von der Liebe des Allerhöchsten.

Möge diese Liebe alle Menschen, alle Wesen stets begleiten und inspirieren.

***

Manuela Oetinger

Die Aura

Die Energiefelder des Menschen

ISBN 3-89427-173-6

Von Kindheit an mit außergewöhnlichen geistigen Fähigkeiten begabt, vermochte es Manuela Oetinger, den Menschen auch als feinstoffliches Wesen zu studieren. Sie lernte, die höheren Wesensglieder und die seelische Wirklichkeit der irdischen Persönlichkeit zu erkennen, und so die wahren Hintergründe der Inkarnation auf Erden zu verstehen. So zeigte sich, dass die menschliche Aura weitaus umfassender ist, als etwa die Hochfrequenz-Photographie anzudeuten scheint. Der Mensch lebt in verschiedenen Ebenen und empfängt aus diesen Sphären, ebenso wie er selbst auch Gedankenkräfte und Gefühlsimpulse in diese Bereiche ausstrahlt. Die Aura des Menschen wird somit zum Brennpunkt eines kosmischen Feldes, in dem der Einzelne in gewissem Ausmaße alles beeinflusst, aber selbst auch von allem beeinflusst wird.
Das Buch zeigt in einer überaus praktischen Ausrichtung, auf welche Weise das Denken und Fühlen das eigene Leben, aber auch das der Umgebung bestimmen. Dabei wird deutlich, dass nur derjenige wirklich *frei* zu nennen ist, der die Gesetzmäßigkeiten erkennt. Wer nicht begreift, mit welchen Methoden beispielsweise die Werbung die Aura des Menschen manipuliert oder welche Gedankenformen sich auf Autobahnen bilden, durchschaut in den meisten Fällen nicht, bis zu welchem Ausmaß er fremdbestimmt ist.